Schön ist die Rose

SCHÖN IST DIE ROSE

Poetisches über die Königin der Blumen

Jan Thorbecke Verlag

VERLAGSGRUPPE PATMOS

PATMOS
ESCHBACH
GRÜNEWALD
THORBECKE
SCHWABEN

Die Verlagsgruppe
mit Sinn für das Leben

MIX
Papier aus verantwortungsvollen Quellen
FSC® C006701
FSC
www.fsc.org

Für die Schwabenverlag AG ist Nachhaltigkeit ein wichtiger Maßstab ihres Handelns. Wir achten daher auf den Einsatz umweltschonender Ressourcen und Materialien. Dieses Buch wurde auf FSC®-zertifiziertem Papier gedruckt. FSC (Forest Stewardship Council®) ist eine nicht staatliche, gemeinnützige Organisation, die sich für eine ökologische und sozial verantwortliche Nutzung der Wälder unserer Erde einsetzt.

www.thorbecke.de

Umschlagabbildung: In Love, 1907 (oil on canvas), Stone, Marcus (1840–1921) / Private Collection / The Bridgeman Art Library
Gestaltung: Finken & Bumiller, Stuttgart
Druck: CPI – Ebner & Spiegel, Ulm
Hergestellt in Deutschland
ISBN 978-3-7995-3579-3

Inhalt

Die Rosen singen Liebeslieder,
Sie sind berauscht vom eignen Duft.
Der Adler schüttelt sein Gefieder
Und pfeift ein Schandlied, dieser Schuft. (...)

Elisabeth von Österreich

JOHANN WOLFGANG VON GOETHE

Als Allerschönste bist du anerkannt

Als Allerschönste bist du anerkannt,
Bist Königin des Blumenreichs genannt;
Unwidersprechlich allgemeines Zeugnis,
Streitsucht verbannend, wundersam Ereignis!
Du bist es also, bist kein bloßer Schein,
In dir trifft Schaun und Glauben überein;
Doch Forschung strebt und ringt, ermüdend nie,
Nach dem Gesetz, dem Grund, *Warum* und *Wie*.

FRIEDRICH HALM

Buch und Rose

Ein altes Buch in pergamentnem Band,
Jahrhunderte vielleicht nicht aufgeschlagen –
Weil fremd sein Wort erklingt aus fremdem Land,
Und alte Dichter Wenigen behagen –
Ein altes Buch fiel jüngst mir in die Hände,
Und wie ich träumend seine Blätter wende,
Und Moderstäubchen wirbelnd mich umfliegen,
Seh staunend ich in seinem Schoß verdorrt,
Doch Lenzensduft noch hauchend fort und fort,
Verblichen, farblos eine Rose liegen.

Wo blühte sie? – Vielleicht am Ebrostrand? –
Denn dorther stammen Dichter, Buch und Lieder –
Vielleicht einst von Alhambras Marmorwand
Hing duftend sie an schwankem Zweige nieder?
Und wer sie brach? War's eine Frauenhand,
Die flüchtend sie in dies Asyl geborgen?
Empfing ein Ritter sie als Liebespfand
Am Abend, und vergaß sie hier am Morgen?

Schloß Absicht, Zufall sie in diesen Band,
Ein stummer Gruß, den Liebe gab und fand,
Ein Zeichen nur für eine Musterstelle?
Wer weiß es? – Riß des Zeitenstromes Welle
Doch alle fort in rascher dunkler Flut,
Die einst sie pflückend sich an ihr erfreuten,
Die hier sie wahrten, oder hier verstreuten;

Nur sie in ihres Dichters treuer Hut,
Nur sie, ob auch vertrocknet und verdorrt,
Sie duftet Lenzeshauch noch fort und fort!

Ich aber sah auf Buch und Rose nieder,
Und Tränen netzten mir die Augenlider,
Und deine Züge stiegen klar und rein
Vor mir empor in hellem Strahlenschein,
Und diese Worte hallten in mir wieder:
»Hüll' Nacht und Dunkel meinen Nahmen ein!
Sie legte in die Blätter meines Lebens,
In dieses Buch verlornen eitlen Strebens,
Der Liebe frische Rose mir hinein!
Bedecke Staub fortan den armen Band,
Und lieg' er unberührt, unaufgeschlagen,
Und flieh' der Lenz mit seinen Sonnentagen,
Der sie und mich einst frisch und glücklich fand,
Wie Traum dahin im Schwall der Zeitenflut,
Es blüht in ihres Dichters treuer Hut
Die Rose doch; es haucht ein Tag, ein Wort
Mir Lenzesduft durchs ganze Leben fort.«

NOVALIS

Der Rosenstock

Rosenstöckchen, wart, ich will dich pflegen,
Schützen dich vor Hitze und vor Regen,
Welcher heftig aus Gewittern träuft.

Bleib in Liebchens Laube hier verborgen,
Sanft begießen will ich alle Morgen
Dich, bis du zur Blüte ausgereift.

Deine Rosen sollen dann bekränzen
Liebchen und an ihrem Busen glänzen,
Dessen sanfte Röte dich beschämt;

Dann noch sollst du immer fröhlich grünen,
Saitenlob noch oft von mir verdienen,
Wenn der Zephir Nord und Reif bezähmt.

ROSE AUSLÄNDER

Der Garten

Der Garten
Öffnet seine Rosen

Sie duften sich
Sonnenworte zu

Nur Liebespaare
Fangen sie auf
Und grüßen zurück
In der Rosensprache

Rosen antworten rot
Mit herzlichem Duft

Duftworte
Die sich liebkosen

WILHELM BUSCH

Duldsam

Des morgens früh, sobald ich mir
Mein Pfeifchen angezündet,
Geh ich hinaus zur Hintertür,
Die in den Garten mündet.

Besonders gern betracht ich dann
Die Rosen, die so niedlich;
Die Blattlaus sitzt und saugt daran
So grün, so still, so friedlich.

Und doch wird sie, so still sie ist,
Der Grausamkeit zur Beute;
Der Schwebefliegen Larve frißt
Sie auf bis auf die Häute.

Schluppwespchen flink und klimperklein,
So sehr die Laus sich sträube,
Sie legen doch ihr Ei hinein
Noch bei lebend'gem Leibe.

Sie aber sorgt nicht nur mit Fleiß
Durch Eier für Vermehrung;
Sie kriegt auch Junge hundertweis
Als weitere Bescherung.

Sie nährt sich an dem jungen Schaft
Der Rosen, eh sie welken;
Ameisen kommen, ihr den Saft
Sanft streichelnd abzumelken.

So seh ich in Betriebsamkeit
Das hübsche Ungeziefer
Und rauche während dieser Zeit
Mein Pfeifchen tief und tiefer.

Daß keine Rose ohne Dorn,
Bringt mich nicht aus dem Häuschen.
Auch sag ich ohne jeden Zorn:
Kein Röslein ohne Läuschen!

NIKOLAUS LENAU

Diese Rose pflück ich hier

Diese Rose pflück ich hier,
In der fremden Ferne;
Liebes Mädchen, dir, ach dir
Brächt ich sie so gerne!

Doch bis ich zu dir mag ziehn
Viele weite Meilen,
Ist die Rose längst dahin,
Denn die Rosen eilen.

Nie soll weiter sich ins Land
Lieb von Liebe wagen,
Als sich blühend in der Hand
Läßt die Rose tragen;

Oder als die Nachtigall
Halme bringt zum Neste,
Oder als ihr süßer Schall
Wandert mit dem Weste.

RAINER MARIA RILKE

Das Rosen-Innere

Wo ist zu diesem Innen
Ein Außen? Auf welches Weh
Legt man solches Linnen?
Welche Himmel spiegeln sich drinnen
In dem Binnensee
Dieser offenen Rosen,
Dieser sorglosen, sieh:
Wie sie lose im Losen
Liegen, als könnte nie
Eine zitternde Hand sie verschütten.
Sie können sich selber kaum
Halten; viele ließen
Sich überfüllen und fließen
Über von Innenraum
In die Tage, die immer
Voller und voller sich schließen,
Bis der ganze Sommer ein Zimmer
Wird, ein Zimmer in einem Traum.

HANS CHRISTIAN ANDERSEN

Eine Rose von Homers Grab

In allen Liedern des Orients erklingt die Liebe der Nachtigall zu der Rose. In den schweigenden, sternklaren Nächten bringt der geflügelte Sänger seiner duftenden Blume eine Serenade dar.
Nicht weit von Smyrna, unter den hohen Platanen, wo der Kaufmann seine belasteten Kamele treibt, die stolz ihre langen Hälse erheben und schwerfällig über eine Erde stampfen, die heilig ist, sah ich eine blühende Rosenhecke. Wilde Tauben flogen zwischen den Zweigen der hochstämmigen Bäume, und die Flügel der Tauben glänzten, wenn ein Sonnenstrahl darüber hinglitt, als seien sie aus Perlmutter gemacht.
In der Rosenhecke war eine Blüte von allen die schönste, und für sie sang die Nachtigall von ihrem Liebesschmerz, aber die Rose war stumm, nicht ein Tautropfen lag, wie eine Träne des Mitleidens, auf ihren Blättern, sie neigte sich auf ihrem Zweige über einige große Steine.
»Hier ruht der Erde größter Sänger!« sagte die Rose, »über seinem Grabe will ich duften, meine Blätter will ich darauf verstreuen, wenn der Sturm sie mir abstreift. Der Ilias' Sänger ward zu Erde in dieser Erde, aus der ich sprieße! – Ich, eine Rose von Homers Grab, bin zu heilig, um für eine armselige Nachtigall zu blühen!«
Und die Nachtigall sang sich zu Tode!
Der Kameltreiber kam mit seinen beladenen Kamelen und seinen schwarzen Sklaven. Sein kleiner Sohn fand den toten Vogel und

beerdigte ihn in des großen Homers Grab; und die Rosen bebten im Winde. Der Abend kam. Die Rose faltete ihre Blätter dichter zusammen und träumte,– sie träumte, es wäre ein herrlicher Sonnentag. Eine Schar fremder fränkischer Männer kam her, sie hatten eine Pilgerreise zu Homers Grab gemacht. Unter den Fremden war ein Sänger aus dem Norden, aus der Heimat der Nebel und Nordlichter. Er brach die Rose, preßte sie in einem Buche und nahm sie so mit sich nach einem anderen Weltteil hinüber, mit nach seinem fernen Vaterland. Und die Rose welkte vor Kummer und lag in dem engen Buche, das er in seinem Heim öffnete, und er sagte: »Hier ist eine Rose von Homers Grab.«

Sieh, das träumte die Blume und sie erwachte und zitterte im Winde. Ein Tautropfen fiel von ihren Blättern auf des Sängers Grab; da ging die Sonne auf, und die Rose blühte schöner als zuvor. Der Tag wurde heiß, es war ja im heißen Asien. Da schallten Fußtritte, fremde Franken kamen, wie sie die Rose im Traume gesehen hatte, und unter diesen Fremden war ein Dichter aus dem Norden; er brach die Rose, drückte einen Kuß auf ihren frischen Mund, und führte sie mit sich in die Heimat der Nebel und der Nordlichter. Wie eine Mumie ruht nun die Blumenleiche in seiner Ilias, und wie im Traume hört sie ihn das Buch öffnen und sagen: »Hier ist eine Rose von Homers Grab!«

MAX DAUTHENDEY

Kommt durch das Fenster der Rosengeruch

Als zärtlich lieblicher Besuch
Kommt durch das Fenster der Rosengeruch;
Geht mitten unter die Tagessorgen
Und zeigt auf die wirkenden Gärten im Morgen.
Mir ruht die Arbeit kurz still in der Hand.
Auch Sorg' lebt mit Rosen eng Wand an Wand,
Denk' ich, und fühle mein Blut versüßt,
Als ob mich im Geist ein Geist warm küßt,
Der mich von meiner Liebsten grüßt.

WOLFGANG BORCHERT

Der Wind und die Rose

Kleine blasse Rose!
Der Wind, von Luv, der lose,
Der dich zerwühlte,
Als wär dein Blatt
Das Kleid von einer Hafenfrau –
Er kam so wild und kam so grau!

Vielleicht auch fühlte
Er sich für Sekunden matt
Und wollt in deinen dunklen Falten
Den Atem sanft verhalten.
Da hat dein Duft ihn so betört,
Berauscht,
Daß er sich bäumt und bauscht
Und dich vor Lust zerstört,
Daß er sich noch mit deinem Kusse bläht,
Wenn er am bangen Gras vorüberweht.

KAROLINE RUDOLPHI

In der Rosenzeit

Ein Röschen, tief im Moos versteckt,
Von keinem Lauscher noch entdeckt,
Blüht' an dem Bächlein ungesehn:
Es blüht', es blühte wunderschön!

Was würzt denn für ein süßer Duft
Die frische frühe Morgenluft,
Als haucht' ein Himmlischer sie an?
Das kleine Röschen hat's gethan.

Das Röschen that's, und wußt' es nicht,
Und barg im Moos sein hold Gesicht,
Und alle Blümlein sahn mit Neid
Aufs Röschen, das so süß erfreut.

Was schaut, ihr Blümlein, so mich an?
Was hab ich, Röschen, denn gethan?
Ich armes Röschen, wüßt' ich nur,
Was ich beginn' auf dieser Flur!

Bald schwebt' ein Zephyr leicht heran,
Und wehte Röschen kosend an,
Und streichelt' süß ihr frisch Gesicht.
O Röschen! Röschen! trau ihm nicht!

Verschließ, verschließ den zarten Reitz,
Dir Röschen ziemt ein feiner Geitz,
O trau dem glatten Schmeichler nie;
Er haucht dir Tod spät oder früh.

Er kost, er weht, bald lau, bald heiß;
Und Röschen - ach! des Gartens Preis,
Beut ihm den Kelch voll Süßigkeit,
Des Freudegebens hoch erfreut.

Er trinkt, entfaltet, und zerstreut –
Und Röschen, sonst der Blümlein Neid,
Sieht ihre Reitze bald verweht,
Und von dem Schmeichler sich verschmäht –

Bald flattert er mit Zephyrsinn
Zu andern Nachbarblümlein hin;
Und Röschen duldet still und schweigt
Und hängt ihr Köpfchen, und – erbleicht.

Die Jungfrau'n sahn's beym Mondenlicht.
Und pflanzten schön Vergißmeinnicht
An Röschens allzu frühem Grab,
Und wischten sich ein Tränchen ab.

MEISTER ALEXANDER

Ern kan niht wol rosen pflegen

Ern kan niht wol rosen pflegen
swer so hüetet daz ein regen
Ir zwi niht mac begiezen.
Uf den rosen solte sin
Ein tou, dar nach ein sunnen schin,
So möhten sie entsliezen.
Nu stet eine rose, dast min klage,
Verborgen in so dickem hage
Daz ir selten vröude birt.
Des muoz sie truren durch die not,
Ir bleichet ouch ir varwe rot,
Ob ir niht baz entrumet wirt.

Es kann derjenige nicht gut Rosen pflegen,
Der sie so bewahrt, dass kein Regen
Ihre Zweige benetzen kann.
Auf den Rosen sollte
Tau sein, danach Sonnenschein.
So können sie sich öffnen.
Es steht eine Rose – und das beklage ich –
Verborgen in so dichtem Gehölz,
Dass sie nur wenig Freude hat.
Darüber trauert sie
Und ihre rote Farbe erbleicht,
Wenn sie nicht mehr Raum erhält.

OTTO JULIUS BIERBAUM

Mädchenlied

Auf einem jungen Rosenblatt
Mein Liebster mir geblasen hat
Wohl eine Melodei.
Es gab mir viele Dinge kund
Das Rosenblatt am roten Mund
Und war kein Wort dabei.

Und als das Blatt zerblasen war,
Da gab ich meinen Mund ihm dar
Und küßt an ihm mich satt.
Und viel mehr Dinge that noch kund
Der rote Mund am roten Mund,
Selbst als das Rosenblatt.

STEFAN GEORGE

Rosen

Im weissen und glutblumigen gewoge,
Von büschen weithinwallend höh und mulde,
Fingst du dich – sangst du kosend und dich pressend
Ins duftige dickicht ... du verloren ganz
In dieser rosenpracht. Am mittag fielen
Wechselnd an lust dir blätter auf den mund
Und schlafend spielten mit dir büschel garben
Wellen von rosen.

Dass dich der abend hier noch traf! du irrest
In dem gesträuch wo du dich nicht mehr kennst,
Blind küssest du dich an den stacheln wund.
Nun sitze da – das haupt gesenkt und blutend.
Nun wirbeln reichlich von der nacht geregt
Die blüten ... mag ihr purpur niederfallen
Zu hüllen deine schmach! Nun lerne trauer
Und ernst von rosen.

FRIEDRICH NIETZSCHE

Meine Rosen

Ja! Mein Glück – es will beglücken –
Alles Glück will ja beglücken!
Wollt ihr meine Rosen pflücken?

Müßt euch bücken und verstecken
Zwischen Fels und Dornenhecken,
Oft die Fingerchen euch lecken!

Denn mein Glück – es liebt das Necken!
Denn mein Glück – es liebt die Tücken! –
Wollt ihr meine Rosen pflücken?

LUDWIG BECHSTEIN

Die Rosenkönigin

Es war einmal ein König, der lebte sehr glücklich mit seiner schönen, tugendsamen Gemahlin; ein einziges Söhnlein war ihnen vom Himmel geschenkt, und dieses war die Lust der Eltern. Doch nicht nur in des Königs hoher Familie war es so friedsam, sondern in seinem ganzen Lande; überall, auch in dem kleinsten Dörflein war Verdienst und Wohlstand, und das Volk war zufrieden und freundlich. Einer weisen, milden Regierung entblüht Ordnung; Ordnung aber bringt Wohlstand, Wohlstand Zufriedenheit, Freundlichkeit. Der gute König mußte jedoch ein gar herbes Schicksal erfahren; seine liebe Gemahlin starb und ließ ihn einsam zurück, mit dem nun mutterlosen Prinzen. Tief trauerte der König und das ganze Land mit ihm. Auch das kleine fromme Kindesherz des Prinzen war sehr betrübt, denn es hatte mit aller kindlichen Liebe an seiner Mutter gehangen. Auf dem Sterbebette hatte sie ihn gesegnet, und ihn noch scheidend zu allem Guten ermahnt, zum treuen Glauben an Gott, zur Liebe und Milde gegen alle Menschen.

»Und wenn Du ein Jüngling worden bist«, waren ihre letzten Worte »so wähle Dir nur ein Mägdlein frommen, guten Herzens zu Deiner Gemahlin, und ehre das Andenken Deiner Mutter und ihrer letzten Worte.« Dieses hatte einen tiefen Eindruck in das weiche Herz des Knaben gemacht, immerdar gedachte der Prinz seiner sterbenden Mutter, und es kam ihm oft vor, als umschwebe sie ihn und lächle ihm selig zu. So wuchs der Prinz in frommer Sitte empor, und wurde ein schöner, blühender Jüngling.

Doch das königliche Vaterauge war verblendet worden von einer fürstlichen, listigen Dame, die den Herrscher gar bald mit ihren erkünstelten Reizen also schlau zu fesseln wußte, daß er ihr nachgab und sie ihn völlig beherrschte. Bald fand das glänzende Hochzeitgelag statt. Der bejahrte König, sonst so gut und milde, war

zum alten Thoren geworden, und hatte sein Leben an ein listiges, böses Schlangenherz gekettet; nur zu bald mußte er die bittere Frucht seiner Thorheit kosten; das böse Weib stiftete allenthalben Unheil an, erregte den Vater wider den Sohn, und den Sohn wider den Vater und die Herrschaften wider die Diener, und übte ihre frevle Verblendungskunst immer fort, so daß sie die Herzen alter und junger Männer für sich entflammte. Eine kurze Zeit, und das reuevolle Leben des Königs hatte geendet. Der Prinz wurde König und beherrschte das Volk mit der Klugheit und Milde, die überall zum wahren Wohl des Landes dient. Aber an ihm übte die arge Stiefmutter ihre Künste vergebens, er verachtete sie im Stillen und suchte sich immer in heilsamer Entfernung von ihr zu halten.
Da wünschte das Land, daß der jugendliche König sich vermähle; auch er in seinem Innern trug das stille Verlangen, sein Glück mit einem würdigen Frauenbilde zu theilen, aber nicht Stand und Reichthum oder eine Krone sollten diejenige schmücken, die er sich wählen wollte, sondern ein gutes, frommes Herz, wie es seine sterbende Mutter gewünscht. Und ein solches hatte er gefunden, zwar nur das eines armen, schlichten Gärtnermädchens, das aber voll war von reiner Liebe und frommem Glauben. Diese Jungfrau war dem Königssohn bald so innig befreundet, daß der Jüngling ihr zu Füßen sank und ihr ewige Liebe und Treue schwur. Zärtlich und in Thränen schmiegte sich das liebliche Mädchen an die Brust des Jünglings und lispelte: »Ach, Du darfst mich ja nicht zur Gemahlin nehmen, siehe ich bin ja arm, bin keine Prinzessin.« – »Sei ruhig, lieb Herz«, sprach der Jüngling. »Du sollst meine Gemahlin, meine Königin werden, Du und keine Andere.«
Der Wunsch nach der Vermählung des Königs wurde lauter und dringender; von allen Seiten her begannen die Väter fürstlicher

Töchter dem Könige Vorschläge zu machen. Die böse Stiefmutter wähnte den so jungen König gänzlich unter ihrer Herrschaft, daß sie sich anmaßte, eine Gemahlin für ihn zu wählen. Sie ordnete glänzende Festlichkeiten an, wozu viele Prinzessinen geladen waren, die reich geschmückt und voll Hoffnung zur Schau kamen. Acht Tage hatten die Feste schon gewährt und der König hatte noch keine Prinzessin zur Braut erwählt, und hatte auch alle Vorschläge seiner Stiefmutter unbeachtet gelassen. Am neunten und letzten Festtag sollte sich's entscheiden, so hatte der König selbst verheißen. Die Stiefmutter glaubte voll Zuversicht, daß der König in ihre Wahl eingehen werde, denn sie hatte eine hohe Prinzessin, zwar häßlich von Gesicht und Gestalt, aber unsäglich reich an Gut und Geld für ihn auserwählt. Ein glänzender Ball sollte die Feste beschließen, und diesmal waren alle Prinzessinnen doppelt mit Juwelen und Schmuck beladen, da eine jede glaubte, den Sieg davon zu tragen. Doch wie alle in gespanntester Erwartung dem König entgegen harrten, that sich die Flügelthüre auf, und der König trat lächelnd mit seinem lieblichen Gärtnermädchen herein, die so sittig und bescheiden in einem weißen Kleidchen und völlig ohne Schmuck erschien. Da sprühten manche Augen im Kreise der Prinzessinnen voll Aerger und Wuth, doch die der Stiefmutter rollten am wildesten und schleuderten grimme Blitze nach dem glücklichen Liebespaar. Jetzt nahten sich diese Beiden der königlichen Stiefmutter, die in der Mitte des Saales, von boshaft lächelnden Prinzessinnen umgeben, weilte; und der König sprach mild und freundlich: »Hohe, verehrte Mutter, hier bringe ich Euch meine liebe, fromme Braut, und bitte mit ihr um Euren Segen.« Aber die Dame sprach voll Zorn und Wuth: »König, solltet Ihr also Eurer Ehre vergessen und eine gemeine Dirne freien? O schämet Euch, mich so tief zu kränken, und um meinen Segen für eine schlechte Magd zu bitten.« Und sie wandte ihm den Rücken, und schritt voll Grimm und Bosheit einem Nebengemach zu. Aber der König folgte ihr nach und sprach mit einem strengen, drohenden Ernst: »Weib, das Wort soll

Euch schwer wiegen. Wahrlich, ich will Euch zeigen, daß dieses arme Mädchen würdiger ist, Königin zu heißen, als Ihr und alle eitlen Prinzessinnen. Eine Kunst habe ich einstmals von einem alten Einsiedler erlernt: die Menschen zu verzaubern, ihre Herzen zu prüfen, ob sie gut oder böse sind. Schwört, hohe Frau, mir dann die schönste zu wählen, wenn alle hier anwesenden Jungfrauen verzaubert, in Gestalt einer Blume stehen, so will ich Euch gehorsam sein. Aber trifft Eure Wahl dann mein armes Gärtnermädchen, so falle der Zauber auf Euch, daß Ihr ewig darinnen verstrickt bleibet.« – Der König schwieg; und die stolze Dame grinzte voll Zuversicht ob ihres Sieges. »Ach mein hoher Künstler«, entgegnete sie »verzaubert immerhin alle anwesenden Jungfrauen, ich will Euch die schönste wählen, und bin gewiß, daß ich nicht Eurer Drohung theilhaftig werde. Euere seltsame Laune soll mir ein ergötzlicher Scherz sein.«

Und sie ließ sich auf einem sammtenen Sessel nieder und harrte der Dinge, die da kommen sollten.

Da breitete der königliche Jüngling ein großes weißes Tuch aus, führte schweigend eine Prinzessin um die andere in das Nebengemach und verhüllte sie damit, wo sie alle sobald einschlummerten. Dann schnitt er einer Jeglichen das Herz aus, zuletzt auch seinem lieben Gärtnermädchen. Der Ballsaal verwandelte sich in eine grünende Gartenflur, von einem goldenen Zaun umschlossen, von singenden Vögeln durchflattert. Da vergrub der Jüngling die Herzen, und sprach bei einem Jeglichen:

Blühe, blühe, blühe
Aus der Erde auf!
Bist du rein
Wirst du hold gedeih'n.
Aber treibe wilde Dornen
Wenn du bös wirst sein.

Bald keimten und sproßten Zweiglein und Blättlein empor. Wilde Dornsträuche wuchsen rasch aus der Erde; nur hie und da erschloß sich eine farbige Blüthe.
Aber in des Garten Mitte stand ein Blüthenstengel, dessen zartem Kelch entfaltete sich eine herrliche Rose, eine Rosenkönigin. Glänzender Thau träufte auf sie nieder, und das grüne Laub schmiegte sich zärtlich an die Blüthen. Jetzt kam eine Schar Nachtigallen geflogen, die die Rosenkönigin umkreiseten und sangen:

Holde Rose, holde Rose,
Hehre Blumenkönigin!
Du die schönste unter Allen,
Du die reinste unter Allen
Sollst die ganze Welt bezwingen
Mit der frommen Liebe Sinn.
Hehre Rosenkönigin!

Aber um die Dornensträuche flogen schwarze Raben und krächzten auch ihr Lied:

Wilde Dornen, wilde Dornen,
Schwarz wie unser Nachtgewand.
Sollt am besten uns gefallen
Mit den tausendfachen Krallen.
Sollet dienen in der Hollen,
In der ew'gen Pein, zum Brand.
Schwarze Dornen, Nachtgewand.

Da führte der König die stolze Dame herein in den Garten, auf daß sie die schönste der Blüthen für ihn wähle, und als sie die zauberschöne Rose sah und die Nachtigallen singen hörte, die über ihr im Kreise flatterten, als sie das liebliche Liedlein vernahm – da stand sie so beschämt und war von der Rose zaubervoller Macht ergriffen

und gerührt, ihr war als fühle sie eine warme Liebe, und sie gedachte in diesem Augenblick reuevoll an ihre verübten Bosheiten und Ränke. Und als sie nun die Dornenstrauche sah, darüber die schwarzen Raben ein Höllenlied krächzten, da überlief sie eine Angst, ein Todesgrauen; und sie sprach: »Mein Königssohn, ich muß Euch die holde Rose wählen, sie ist die Schönste.« Nun bewegten sich alsbald der Rose Zweige und Blätter und Blüthen, und verschmolzen sanft zum Körper eines lieblichen Mädchens, das keine andere war als das fromme Gärtnermädchen. Und es schien noch schöner und bescheidener als zuvor.
Aus den andern Blumen und Dornensträuchen bildeten sich wieder Prinzessinnen, die wie aus einem schweren Traum erwachten. Aber des Königs Stiefmutter war vor Scham und Reue niedergesunken und lag in Betäubung. Und die schwarzen Rabenvögel hackten ihr das Herz aus, und sie wurde zu Stein, von wilden Dornen umstarrt. Die Prinzessinnen eilten scheu davon, wurden aber besser und demüthiger in ihren Herzen.
Und der König lebte glücklich und fromm mit seiner Gemahlin, dem Gärtnermädchen, und des Himmels Segen war mit ihnen.

CHRISTIAN FRIEDRICH HEBBEL

Rosenleben

Ach Rose, die du, märchenhaft gestaltet,
Wenn kaum der holde Lenz dahin gegangen,
Gleich wie ein Brief, den wir von ihm empfangen,
In stillem Zauber lieblich dich entfaltet:

Ich ahne, was als Leben in dir waltet,
Wenn deine Blätter, wie in Wollust, prangen,
Und wenn dein Duft in sehnendem Verlangen
Dem Kelch entschwebt, den seine Glut gespaltet.

Es ist dasselbe ungestüme Ringen,
Das auch in mir lebt, glühend und gewaltsam,
Zum Hohen und zum Höchsten vorzudringen.

Ich aber muß erst welken und vergehen,
Wenn du im Werden selbst schon unaufhaltsam
Beginnen darfst ein endlos Auferstehen.

RUDOLF G. BINDING

Rosenhag

Es blühen dir Rosen jeglichen Tag
In einem verschwiegenen Rosenhag
– Und du weißt nichts davon.

Von Blut darin ein Brunnen springt
Und Blut die Blätter der Rosen durchdringt
– Und du weißt nichts davon.

Und weil ich sie dir nicht schneiden mag
Verwelken dir Rosen jeglichen Tag
– Und du weißt nichts davon.

Nur manches Mal, da brech ich dir
Eine rote Rose von meinem Spalier
Als ein Lied das nicht welken mag.

Dann weißt du von mir ein Kleines wohl;
Und weißt doch nimmer wie übervoll
Von Rosen steht der Hag.

HEINRICH SEIDEL

Rosenzeit

Wenn die wilden Rosen blühn
An des Feldes Rand,
Frischgemähtes Wiesengrün
Duftet durch das Land,
Wenn in stillen Waldesgründen
Sich die roten Beeren ründen
Und die Sommerzeit verkünden,
Wenn der Himmel blaut so weit –
O du schöne Rosenzeit!

Hell und warm ist nun die Nacht,
Länger wird der Tag,
Dass er all der Schönheit Pracht
In sich fassen mag.
Frühling ist noch nicht gegangen,
Sommer hat schon angefangen,
Beide hold vereinigt prangen,
Herbst und Winter sind noch weit –
O du schöne Rosenzeit!

Ja, in Rosen steht die Welt,
Aber ahnungsbang
Rauschet durch das Ährenfeld
Schon ein fremder Klang:
Bald ertönt der Erntereigen,
Und die Rose wird sich neigen,
Und die Vögel werden schweigen.
Ach, wie bald, dann liegst Du weit –
O du schöne Rosenzeit!

WILLIAM SHAKESPEARE

Schön ist die Rose

Oh, wie gefälliger wird alle Pracht
Durch holden Schmuck, den ihr die Wahrheit bringt!
Schön ist die Rose, aber schöner macht
Der süße Duft sie, der dem Kelch entspringt.

Die Heckenrose mag so voll erglühn
In dunklem Rot, als echte übergießt,
So lustig an dem Dornenstrauche blühn,
Wenn ihre Knospen Frühlingswind erschließt.

Doch Schein ist nur ihr prunkendes Gesicht,
Sie lebt verachtet, schwindet ungeehrt
In sich allein; die süße Rose nicht,
Da selbst ihr Tod noch süßen Duft gewährt.

So bleibt im Lied auch, lieber, holder Knabe,
Stets deine Treue, sinkt dein Reiz zu Grabe.

CHRISTIAN MORGENSTERN

Diese Rose von heimlichen Küssen schwer

Diese Rose von heimlichen Küssen schwer:
Sieh, das ist unsre Liebe.
Unsre Hände reichen sie hin und her,
Unsre Lippen bedecken sie mehr und mehr
Mit Worten und Küssen sehnsuchtsschwer,
Unsre Seelen grüßen sich hin und her –
Wie über ein Meer – wie über ein Meer –
Diese Rose vom Duft unsrer Seelen schwer:
Sieh, das ist unsre Liebe.

ADALBERT STIFTER

Das Rosenhaus

(aus: Der Nachsommer)

Ich forschte dem zu Folge nach einem Wege, der von der Straße auf den Hügel des Hauses hinaufführen sollte. Nach meiner Kenntnis des Landesgebrauches war es mir nicht schwer, den mit einem Zaune und mit Gebüsch besäumten Weg, der von der Landstraße ab hinauf ging, zu finden. Ich schritt auf demselben empor und kam, wie ich richtig vermutet hatte, vor das Haus. Es war noch immer von der Sonne hell beschienen. Allein, da ich näher vor dasselbe trat, hatte ich einen bewunderungswürdigen Anblick. Das Haus war über und über mit Rosen bedeckt, und wie es in jenem fruchtbaren hügligen Lande ist, daß, wenn einmal etwas blüht, gleich alles mit einander blüht, so war es auch hier. Die Rosen schienen sich das Wort gegeben zu haben, alle zur selben Zeit aufzubrechen, um das Haus in einen Überwurf der reizendsten Farbe und in eine Wolke der süßesten Gerüche zu hüllen.

Wenn ich sage, das Haus sei über und über mit Rosen bedeckt gewesen, so ist das nicht so wortgetreu zu nehmen. Das Haus hatte zwei ziemlich hohe Geschosse. Die Wand des Erdgeschosses war bis zu den Fenstern des oberen Geschosses mit den Rosen bedeckt. Der übrige Teil bis zu dem Dache war frei, und er war das leuchtende weiße Band, welches in die Landschaft hinaus geschaut und mich gewissermaßen herauf gelockt hatte. Die Rosen waren an einem Gitterwerke, das sich vor der Wand des Hauses befand, befestigt. Sie bestanden aus lauter Bäumchen. Es waren winzige darunter, deren Blätter gleich über der Erde begannen, dann höhere, deren Stämmchen über die ersten empor ragten, und so fort, bis die letzten mit ihren Zweigen in die Fenster des oberen Geschosses hinein sahen. Die Pflanzen waren so verteilt und gehegt, daß nirgends

eine Lücke entstand, und daß die Wand des Hauses, soweit sie reichten, vollkommen von ihnen bedeckt war.
Ich hatte eine Vorrichtung dieser Art in einem so großen Maßstabe noch nie gesehen.
Es waren zudem fast alle Rosengattungen da, die ich kannte, und einige, die ich noch nicht kannte. Die Farben gingen von dem reinen Weiß der weißen Rosen durch das gelbliche und rötliche Weiß der Übergangsrosen in das zarte Rot und in den Purpur und in das bläuliche und schwärzliche Rot der roten Rosen über. Die Gestalten und der Bau wechselten in eben demselben Maße. Die Pflanzen waren nicht etwa nach Farben eingeteilt, sondern die Rücksicht der Anpflanzung schien nur die zu sein, daß in der Rosenwand keine Unterbrechung statt finden möge. Die Farben blühten daher in einem Gemische durch einander.
Auch das Grün der Blätter fiel mir auf. Es war sehr rein gehalten, und kein bei Rosen öfter als bei andern Pflanzen vorkommender Übelstand der grünen Blätter und keine der häufigen Krankheiten kam mir zu Gesichte. Kein verdorrtes oder durch Raupen zerfressenes oder durch ihr Spinnen verkrümmtes Blatt war zu erblicken. Selbst das bei Rosen so gerne sich einnistende Ungeziefer fehlte. Ganz entwickelt und in ihren verschiedenen Abstufungen des Grüns prangend standen die Blätter hervor. Sie gaben mit den Farben der Blumen gemischt einen wunderlichen Überzug des Hauses. Die Sonne, die noch immer gleichsam einzig auf dieses Haus schien, gab den Rosen und den grünen Blättern derselben gleichsam goldene und feurige Farben.

HERMANN LÖNS

Die Nonne

Viel hundert weiße Liljen
Im Klostergarten stehn;
Die roten, roten Rosen
Sind noch einmal so schön.

Die roten, roten Rosen,
Die darf ich gar nicht ziehn;
Im Klostergarten dürfen
Bloß weiße Liljen blühn.

Drei rote Rosen fallen
Vor meine Füße hin;
Es fließen meine Tränen,
Daß ich eine Nonne bin.

Ach Reiter, junger Reiter,
Behalt die Rosen dein;
Mir blühen bloß die Liljen,
Doch nicht die Röselein.

Gerne halte ich
diese zauberhafte Blume in der Hand,
die auch verwelkt
den Duft ihrer Jugend nicht verliert.

Anakreon

ELISABETH KUHLMANN

Die letzten Blumen starben

Die letzten Blumen starben!
Längst sank die Königin
Der warmen Sommermonde,
Die holde Rose hin!

Du, hehre Georgine,
Erhebst nicht mehr dein Haupt!
Selbst meine hohe Pappel
Sah ich schon halb entlaubt.

Bin ich doch weder Pappel,
Noch Rose, zart und schlank;
Warum soll ich nicht sinken,
Da selbst die Rose sank?

RAINER MARIA RILKE

Ich geh jetzt immer den gleichen Pfad

Ich geh jetzt immer den gleichen Pfad:
Am Garten entlang, wo die Rosen grad
Einem sich vorbereiten;
Aber ich fühle: noch lang, noch lang
Ist das alles nicht mein Empfang,
Und ich muss ohne Dank und Klang
Ihnen vorüberschreiten.

Ich bin nur der, der den Zug beginnt,
Dem die Gaben nicht galten;
Bis die kommen, die seliger sind,
Lichte, stille Gestalten, –
Werden sich alle Rosen im Wind
Wie rote Fahnen entfalten.

JAKOB UND WILHELM GRIMM

Schneeweißchen und Rosenrot

Eine arme Witwe, die lebte einsam in einem Hüttchen, und vor dem Hüttchen war ein Garten, darin standen zwei Rosenbäumchen, davon trug das eine weiße, das andere rote Rosen: und sie hatte zwei Kinder, die glichen den beiden Rosenbäumchen, und das eine hieß Schneeweißchen, das andere Rosenrot. Sie waren aber so fromm und gut, so arbeitsam und unverdrossen, als je zwei Kinder auf der Welt gewesen sind: Schneeweißchen war nur stiller und sanfter als Rosenrot. Rosenrot sprang lieber in den Wiesen und Feldern umher, suchte Blumen und fing Sommervögel: Schneeweißchen aber saß daheim bei der Mutter, half ihr im Hauswesen oder las ihr vor, wenn nichts zu tun war. Die beiden Kinder hatten einander so lieb, daß sie sich immer an den Händen faßten, sooft sie zusammen ausgingen: und wenn Schneeweißchen sagte »wir wollen uns nicht verlassen«, so antwortete Rosenrot, »so lange wir leben nicht«, und die Mutter setzte hinzu »was das eine hat, solls mit dem andern teilen.« Oft liefen sie im Walde allein umher und sammelten rote Beeren, aber kein Tier tat ihnen etwas zuleid, sondern sie kamen vertraulich herbei: das Häschen fraß ein Kohlblatt aus ihren Händen, das Reh graste an ihrer Seite, der Hirsch sprang ganz lustig vorbei und die Vögel blieben auf den Ästen sitzen und sangen, was sie nur wußten. Kein Unfall traf sie: wenn sie sich im Walde verspätet hatten und die Nacht sie überfiel, so legten sie sich nebeneinander auf das Moos und schliefen, bis der Morgen kam, und die Mutter wußte das und hatte ihrentwegen keine Sorge. Einmal, als sie im Walde übernachtet hatten und das Morgenrot sie aufweckte, da sahen sie ein schönes Kind in einem weißen glänzenden Kleidchen neben ihrem Lager sitzen. Es stand auf und blickte sie ganz freundlich an, sprach aber nichts und ging in den Wald hinein. Und als sie sich umsahen, so hatten sie ganz nahe bei einem Abgrunde

geschlafen, und wären gewiß hineingefallen, wenn sie in der Dunkelheit noch ein paar Schritte weitergegangen wären. Die Mutter aber sagte ihnen, das müßte der Engel gewesen sein, der gute Kinder bewache.
Schneeweißchen und Rosenrot hielten das Hüttchen der Mutter so reinlich, daß es eine Freude war hineinzuschauen. Im Sommer besorgte Rosenrot das Haus und stellte der Mutter jeden Morgen, ehe sie aufwachte, einen Blumenstrauß vors Bett, darin war von jedem Bäumchen eine Rose. Im Winter zündete Schneeweißchen das Feuer an und hing den Kessel an den Feuerhaken, und der Kessel war von Messing, glänzte aber wie Gold, so rein war er gescheuert. Abends, wenn die Flocken fielen, sagte die Mutter »geh, Schneeweißchen, und schieb den Riegel vor«, und dann setzten sie sich an den Herd, und die Mutter nahm die Brille und las aus einem großen Buche vor, und die beiden Mädchen hörten zu, saßen und spannen; neben ihnen lag ein Lämmchen auf dem Boden, und hinter ihnen auf einer Stange saß ein weißes Täubchen und hatte seinen Kopf unter den Flügel gesteckt.
Eines Abends, als sie so vertraulich beisammen saßen, klopfte jemand an die Türe, als wollte er eingelassen sein. Die Mutter sprach »geschwind, Rosenrot, mach auf, es wird ein Wanderer sein, der Obdach sucht.« Rosenrot ging und schob den Riegel weg und dachte, es wäre ein armer Mann, aber der war es nicht, es war ein Bär, der seinen dicken schwarzen Kopf zur Türe hereinstreckte. Rosenrot schrie laut und sprang zurück: das Lämmchen blökte, das Täubchen flatterte auf, und Schneeweißchen versteckte sich hinter der Mutter Bett. Der Bär aber fing an zu sprechen und sag-

te: »Fürchtet euch nicht, ich tue euch nichts zuleid, ich bin halb erfroren und will mich nur ein wenig bei euch wärmen.« »Du armer Bär«, sprach die Mutter, »leg dich ans Feuer, und gib nur acht, daß dir dein Pelz nicht brennt.« Dann rief sie »Schneeweißchen, Rosenrot, kommt hervor, der Bär tut euch nichts, er meints ehrlich.« Da kamen sie beide heran, und nach und nach näherten sich auch das Lämmchen und Täubchen und hatten keine Furcht vor ihm. Der Bär sprach »ihr Kinder, klopft mir den Schnee ein wenig aus dem Pelzwerk«, und sie holten den Besen und kehrten dem Bär das Fell rein: er aber streckte sich ans Feuer und brummte ganz vergnügt und behaglich. Nicht lange, so wurden sie ganz vertraut und trieben Mutwillen mit dem unbeholfenen Gast. Sie zausten ihm das Fell mit den Händen, setzten ihre Füßchen auf seinen Rücken und walgerten ihn hin und her, oder sie nahmen eine Haselrute und schlugen auf ihn los, und wenn er brummte, so lachten sie. Der Bär ließ sichs aber gerne gefallen, nur wenn sies gar zu arg machten, rief er »laßt mich am Leben, ihr Kinder:

Schneeweißchen, Rosenrot,
schlägst dir den Freier tot.«

Als Schlafenszeit war und die andern zu Bett gingen, sagte die Mutter zu dem Bär »du kannst in Gottes Namen da am Herde liegen bleiben, so bist du vor der Kälte und dem bösen Wetter geschützt.« Sobald der Tag graute, ließen ihn die beiden Kinder hinaus, und er trabte über den Schnee in den Wald hinein. Von nun an kam der Bär jeden Abend zu der bestimmten Stunde, legte sich an den Herd und erlaubte den Kindern, Kurzweil mit ihm zu treiben, so viel sie wollten; und sie waren so gewöhnt an ihn, daß die Türe nicht eher zugeriegelt ward, als bis der schwarze Gesell angelangt war.
Als das Frühjahr herangekommen und draußen alles grün war, sagte der Bär eines Morgens zu Schneeweißchen »nun muß ich fort und darf den ganzen Sommer nicht wiederkommen.« »Wo gehst du denn hin, lieber Bär?« fragte Schneeweißchen. »Ich muß in den Wald und meine Schätze vor den bösen Zwergen hüten: im Winter, wenn die Erde hart gefroren ist, müssen sie wohl unten bleiben und können sich nicht durcharbeiten, aber jetzt, wenn die Sonne die Erde aufgetaut und erwärmt hat, da brechen sie durch, steigen herauf, suchen und stehlen; was einmal in ihren Händen ist und in ihren Höhlen liegt, das kommt so leicht nicht wieder an des Tages Licht.« Schneeweißchen war ganz traurig über den Abschied, und als es ihm die Türe aufriegelte und der Bär sich hinausdrängte, blieb er an dem Türhaken hängen, und ein Stück seiner Haut riß auf, und da war es Schneeweißchen, als hätte es Gold durchschimmern gesehen: aber es war seiner Sache nicht gewiß. Der Bär lief eilig fort und war bald hinter den Bäumen verschwunden.
Nach einiger Zeit schickte die Mutter die Kinder in den Wald, Reisig zu sammeln. Da fanden sie draußen einen großen Baum, der lag gefällt auf dem Boden, und an dem Stamme sprang zwischen dem Gras etwas auf und ab, sie konnten aber nicht unterscheiden, was es war. Als sie näher kamen, sahen sie einen Zwerg mit einem alten verwelkten Gesicht und einem ellenlangen schneeweißen Bart. Das Ende des Bartes war in eine Spalte des Baums eingeklemmt, und der Kleine sprang hin und her wie ein Hündchen an einem Seil und

wußte nicht, wie er sich helfen sollte. Er glotzte die Mädchen mit seinen roten feurigen Augen an und schrie: »Was steht ihr da! könnt ihr nicht herbeigehen und mir Beistand leisten?« »Was hast du angefangen, kleines Männchen?« fragte Rosenrot. »Dumme neugierige Gans«, antwortete der Zwerg, »den Baum habe ich mir spalten wollen, um kleines Holz in der Küche zu haben; bei den dicken Klötzen verbrennt gleich das bißchen Speise, das unsereiner braucht, der nicht so viel hinunterschlingt als ihr grobes, gieriges Volk. Ich hatte den Keil schon glücklich hineingetrieben, und es wäre alles nach Wunsch gegangen, aber das verwünschte Holz war zu glatt und sprang unversehens heraus, und der Baum fuhr so geschwind zusammen, daß ich meinen schönen weißen Bart nicht mehr herausziehen konnte; nun steckt er drin, und ich kann nicht fort. Da lachen die albernen glatten Milchgesichter! pfui, was seid ihr garstig!«

Die Kinder gaben sich alle Mühe, aber sie konnten den Bart nicht herausziehen, er steckte zu fest. »Ich will laufen und Leute herbeiholen«, sagte Rosenrot. »Wahnsinnige Schafsköpfe«, schnarrte der Zwerg, »wer wird gleich Leute herbeirufen, ihr seid mir schon um zwei zu viel; fällt euch nicht Besseres ein?« »Sei nur nicht ungeduldig«, sagte Schneeweißchen, »ich will schon Rat schaffen«, holte

sein Scherchen aus der Tasche und schnitt das Ende des Bartes ab. Sobald der Zwerg sich frei fühlte, griff er nach einem Sack, der zwischen den Wurzeln des Baumes steckte und mit Gold gefüllt war, hob ihn heraus und brummte vor sich hin »ungehobeltes Volk, schneidet mir ein Stück von meinem stolzen Barte ab! lohns euch der Kuckuck!« damit schwang er seinen Sack auf den Rücken und ging fort, ohne die Kinder nur noch einmal anzusehen.
Einige Zeit danach wollten Schneeweißchen und Rosenrot ein Gericht Fische angeln. Als sie nahe bei dem Bach waren, sahen sie, daß etwas wie eine große Heuschrecke nach dem Wasser zu hüpfte, als wollte es hineinspringen. Sie liefen heran und erkannten den Zwerg. »Wo willst du hin?«, sagte Rosenrot, »du willst doch nicht ins Wasser?« »Solch ein Narr bin ich nicht«, schrie der Zwerg, »seht ihr nicht, der verwünschte Fisch will mich hineinziehen!« Der Kleine hatte da gesessen und geangelt, und unglücklicherweise hatte der Wind seinen Bart mit der Angelschnur verflochten: als gleich darauf ein großer Fisch anbiß, fehlten dem schwachen Geschöpf die Kräfte, ihn herauszuziehen: der Fisch behielt die Oberhand und riß den Zwerg zu sich hin. Zwar hielt er sich an allen Halmen und Binsen, aber das half nicht viel, er mußte den Bewegungen des Fisches folgen, und war in beständiger Gefahr, ins Wasser gezogen zu werden. Die Mädchen kamen zu rechter Zeit, hielten ihn fest und versuchten den Bart von der Schnur loszumachen, aber vergebens, Bart und Schnur waren fest ineinander verwirrt. Es blieb nichts übrig, als das Scherchen hervorzuholen und den Bart abzuschneiden, wobei ein kleiner Teil desselben verloren ging. Als der Zwerg das sah,

schrie er sie an »ist das Manier, ihr Lorche, einem das Gesicht zu schänden? nicht genug, daß ihr mir den Bart unten abgestutzt habt, jetzt schneidet ihr mir den besten Teil davon ab: ich darf mich vor den Meinigen gar nicht sehen lassen. Daß ihr laufen müßtet und die Schuhsohlen verloren hättet!« Dann holte er einen Sack Perlen, der im Schilfe lag, und ohne ein Wort weiter zu sagen, schleppte er ihn fort und verschwand hinter einem Stein.

Es trug sich zu, daß bald hernach die Mutter die beiden Mädchen nach der Stadt schickte, Zwirn, Nadeln, Schnüre und Bänder einzukaufen. Der Weg führte sie über eine Heide, auf der hier und da mächtige Felsenstücke zerstreut lagen. Da sahen sie einen großen Vogel in der Luft schweben, der langsam über ihnen kreiste, sich immer tiefer herabsenkte und endlich nicht weit bei einem Felsen niederstieß. Gleich darauf hörten sie einen durchdringenden, jämmerlichen Schrei. Sie liefen herzu und sahen mit Schrecken, daß der Adler ihren alten Bekannten, den Zwerg, gepackt hatte und ihn forttragen wollte. Die mitleidigen Kinder hielten gleich das Männ-

chen fest und zerrten sich so lange mit dem Adler herum, bis er seine Beute fahren ließ. Als der Zwerg sich von dem ersten Schrecken erholt hatte, schrie er mit seiner kreischenden Stimme »konntet ihr nicht säuberlicher mit mir umgehen? gerissen habt ihr an meinem dünnen Röckchen, daß es überall zerfetzt und durchlöchert ist, unbeholfenes und täppisches Gesindel, das ihr seid!« Dann nahm er einen Sack mit Edelsteinen und schlüpfte wieder unter den Felsen in seine Höhle. Die Mädchen waren an seinen Undank schon gewöhnt, setzten ihren Weg fort und verrichteten ihr Geschäft in der Stadt. Als sie beim Heimweg wieder auf die Heide kamen, überraschten sie den Zwerg, der auf einem reinlichen Plätzchen seinen Sack mit Edelsteinen ausgeschüttet und nicht gedacht hatte, daß so spät noch jemand daherkommen würde. Die Abendsonne schien über die glänzenden Steine, sie schimmerten und leuchteten so prächtig in allen Farben, daß die Kinder stehen blieben und sie betrachteten. »Was steht ihr da und habt Maulaffen feil!« schrie der Zwerg, und sein aschgraues Gesicht ward zinnoberrot vor Zorn. Er wollte mit seinen Scheltworten fortfahren, als sich ein lautes Brummen hören ließ und ein schwarzer Bär aus dem Walde herbeitrabte. Erschrocken sprang der Zwerg auf, aber er konnte nicht mehr zu seinem Schlupfwinkel gelangen, der Bär war schon in seiner Nähe. Da rief er in Herzensangst »lieber Herr Bär, verschont mich, ich will Euch alle meine Schätze geben, sehet, die schönen Edelsteine, die da liegen. Schenkt mir das Leben, was habt Ihr an mir kleinem schmächtigen Kerl? Ihr spürt mich nicht zwischen den Zähnen: da, die beiden gottlosen Mädchen packt, das sind für Euch zarte Bissen, fett wie junge Wachteln, die freßt in Gottes Namen.« Der Bär kümmerte sich um seine Worte nicht, gab dem boshaften Geschöpf einen einzigen Schlag mit der Tatze, und es regte sich nicht mehr.

Die Mädchen waren fortgesprungen, aber der Bär rief ihnen nach »Schneeweißchen und Rosenrot, fürchtet euch nicht, wartet, ich will mit euch gehen.« Da erkannten sie seine Stimme und blieben stehen, und als der Bär bei ihnen war, fiel plötzlich die Bärenhaut ab, und er stand da als ein schöner Mann, und war ganz in Gold gekleidet. »Ich bin eines Königs Sohn«, sprach er, »und war von dem gottlosen Zwerg, der mir meine Schätze gestohlen hatte, verwünscht, als ein wilder Bär in dem Walde zu laufen, bis ich durch seinen Tod erlöst würde. Jetzt hat er seine wohlverdiente Strafe empfangen.«

Schneeweißchen ward mit ihm vermählt und Rosenrot mit seinem Bruder, und sie teilten die großen Schätze miteinander, die der Zwerg in seine Höhle zusammengetragen hatte. Die alte Mutter lebte noch lange Jahre ruhig und glücklich bei ihren Kindern. Die zwei Rosenbäumchen aber nahm sie mit, und sie standen vor ihrem Fenster und trugen jedes Jahr die schönsten Rosen, weiß und rot.

MARCELINE DESBORDES-VALMORE

Die Rosen von Saadi

Ich hab heute Früh dir Rosen bringen wollen;
Doch mein Gürtel hat zu viele Rosen tragen sollen,
Dass die gespannten Knoten sie nicht halten wollten.

Die Knoten rissen. Und vom Wind gezogen,
Sind alle Rosen dem Meer zugeflogen
So dass sie nimmer wiederkehren sollten.

Und rot und wie entflammt von ihnen schien das Meer,
Heut Abend ist mein Gewand noch von ihren Düften schwer.
Atme von mir den Balsam der Erinnerungen!

FRIEDRICH RÜCKERT

Ihr fünf Rosendorne

Ihr fünf Rosendorne,
Ihr fünf Rittersporne,
Ihr fünf Eisenhütchen,
Löwenrachenblütchen!

Ihr fünf Rosendorne
Was habt ihr im Zorne
Röslein nicht verteidigt,
Als es ward beleidigt?

Ihr gespornten Ritter,
Ihr, als euch vom Schnitter
Ward die Braut entführet,
Habt euch nicht gerühret.

O ihr Eisenhütchen,
Kühlet euer Mütchen
Doch am Sensenmann,
Der sie hält im Bann!

Ach ihr Löwenmündchen
Klafft wie Löwenhündchen,
Wie ihr sie im Rachen
Seht dem grausen Drachen.

Jüngster wollt' es wagen,
Sich für sie zu schlagen,
Aber mitgefangen
Ist er mitgegangen.

Bleibt, daß ich verliere
Nicht auch euch, ihr viere!
Bleibt mit mir zu trauern
Unter Regenschauern!

DETLEV VON LILIENCRON

Ich und die Rose warten

Vor mir
Auf der dunkelbraunen Tischdecke
Liegt eine große hellgelbe Rose.
Sie wartet mit mir
Auf die Liebste,
Der ich ins schwarze Haar
Sie flechten will.

Wir warten schon eine Stunde.
Die Haustür geht.
Sie kommt, sie kommt.
Doch herein tritt
Mein Freund, der Assessor;
Geschniegelt, gebügelt, wie stets.
Der Assessor, ein Streber,
Will Bürgermeister werden.
Gräßlich sind seine Erzählungen
Über Wahlen, Vereine, Gegenpartei.
Endlich bemerkt er die Blume,
Und seine gierigen,
Perlgrauglacebehandschuhten Hände
Greifen nach ihr:
»Aeh, süperb!
Müssen mir geben fürs Knopfloch.«
Nein, ruf ich grob.
»Herr Jess' noch mal,
Sind heut nicht in Laune,
Denn nicht.

Empfehl' mich Ihnen.
Sie kommen doch morgen in die Versammlung?«

Ich und die Rose warten.

Die Haustür geht.
Sie kommt, sie kommt.
Doch herein tritt
Mein Freund, Herr von Schnelleben.
Unerträglich langweilig sind seine Erzählungen
Über Bälle und Diners.
Endlich bemerkt er die Blume.
Und seine bismarckbraunglacebehandschuhten Hände
Greifen nach ihr:
»Ah, das trifft sich,
Brauch' ich nicht erst zu Bünger.
Hinein ins Knopfloch.
Du erlaubst doch?«
Nein, schrei ich wütend.
»Na, aber,
Warum denn so ausfallend,
Bist heut nicht in Laune.
Denn nicht.
Empfehl' mich Dir.«

Ich und die Rose warten.

Die Haustür geht.
Sie kommt, sie kommt.
Doch herein tritt
Mein Freund, der Dichter.
Der bemerkt sofort die hellgelbe.
Und er leiert ohn' Umstände drauf los:
»Die Rose wallet am Busen des Mädchens,

Wenn sie spät Abends im Parke des Städtchens
Gehet allein im mondlichen Schein ...«
Halt ein, halt ein!
»Was ist dir denn, Mensch.
Aber du schenkst mir doch die Blume?
Ich will sie mir ins Knopfloch stecken.«
Und gierig greift er nach ihr.
Nein! brüll' ich wie rasend.
»Aber was ist denn?
Bist heut nicht in Laune.
Denn nicht.
Empfehl' mir dir.«

Ich und die Rose warten.

Die Hausthür geht.
Sie kommt, sie kommt.
Und – da ist sie.
Hast du mich aber lange lauern lassen.
»Ich konnte doch nicht eher ...
Oh, die Rose, die Rose.«
Hut ab erst.
Stillgestanden!
Nicht gemuckst.
Kopf vorwärts beugt!
Und ich nestl' ihr
Die gelbe Rose ins schwarze Haar.
Ein letzter Sonnenschein
Fällt ins Zimmer
Über ihr reizend Gesicht.

EVA STRITTMATTER

Sabah

Neunundsiebzig Rosensträucher
Habe ich in meinem Garten.
Allerlei vertrackte Sorten:
Über-Unter-Nebenarten.

Nicht mal weiß ich, wie sie heißen.
Ich bin keine Gärtnerin.
Doch die Namenlosen reißen
Mich zum Namengeben hin.

Porzellanenweiße Schöne
Mit den morgenroten Rändern,
Rein wie erstgedachte Töne:
Nicht in südlich reichen Ländern

Habe ich dich je gekannt!
Erst mein träumerisches Mühen
Ließ aus unserm armen Sand
Morgenröte auferblühen.

Morgenröte sei der Name!
Sabah will ich sie benennen!
Neunundsiebzig Rosenseelen
Solln in meinen Namen brennen.

JOHANN HEINRICH VOSS

Die beiden Schwestern bei der Rose

Laß sie stehn,
Schwesterchen,
Diese junge Rose!
Siehst du nicht,
Daß sie sticht?
Laß sie, kleine Lose!

Unbeglückt
Wer sie pflückt
Vom bedornten Stamme!
Tief ins Herz
Dringt der Schmerz
Von Cytherens Flamme.

Als sie mir
Damon hier
Vor die Brust gestecket;
Mädchen, ah!
Was ward da
Schnell in mir erwecket!

Voller Glut
War mein Blut;
Zitternd alle Glieder!
Nimmermehr
Findet er
Mich so fühlend wieder.

Weißt du nicht
Das Gerücht,
Wie die Ros' entsprossen?
Aus der Qual,
Die einmal
Eos' Aug' entflossen.

Morgens früh
Eilte sie
Von dem trägen Gatten;
Tröpfelte
Zärtliche
Tränen auf die Matten.

Wonniglich
Zeigte sich
Da die Blume Florens;
Purpurrot,
Wie das Rot
Auf der Wang' Aurorens.

Wer sie bricht,
Der kann nicht
Amors Pfeil' entfliehen.
Drum hat ihr,
(Warnung dir!)
Zeus den Dorn verliehen.

CHRISTIAN FELIX WEISSE

Die Rose

Mutter
Wo ist die schöne Rose hin,
Die ich dir vorhin gab?
Halb aufgeblüht brach ich sie diesen Morgen ab:
Sie war des Frühlings letzte Zier,
Die schönst' am Stock, und doch gab ich sie dir!
Sag mir: wo ist sie hin?

Tochter
Da kam mir Damon in den Lauf:
(Ihr wißt es, er ist schön!)
Er bat entzückt darum, so bald er sie gesehn:
Er küßte sie, und bat recht sehr.
Ich dacht – – Je nun, wie? wenn ich sie verlöhr?
Und er – – er hebt sie auf.

LUDWIG BECHSTEIN

Das Dornröschen

Es waren einmal ein König und eine Königin, die hatten keine Kinder, wünschten sich aber tagtäglich ein Kind. Zu einer Zeit geschah es, daß die Königin badete und seufzete, als sie so allein war: »Ach, hätte ich doch ein Kind!«

Da hüpfte ein Frosch aus dem Wasser und sprach: »Was du wünschest, soll dir werden!« Und darauf hat die Königin ein Töchterlein bekommen, das war schön über alle Maßen, und der König hatte darüber die größte Freude, daß sein liebster Wunsch erfüllt war, und stellte ein großes Fest an, zu dem er alle seine Freunde einlud. Nun lebten in dem Lande auch weise Frauen, die waren begabt mit Zauber- und Wundermacht und genossen große Ehrfurcht vor allem Volke; die lud der König auch ein, und sie sollten auf goldnen Tellern essen. Damals hatten aber die Könige nicht so viele Schüsseln und Teller wie jetzt, und dieser König hatte nur ein Dutzend, das sind zwölf, und der weisen Frauen waren dreizehn, da konnte er auch nur zwölf einladen, und die dreizehnte blieb uneingeladen.

Die weisen Frauen begabten das Königskind mit gar köstlichen Gütern, nicht mit Schönheit, denn die besaß es schon, sondern mit Liebenswürdigkeit, Heiterkeit, Anmut, Sanftmut, Bescheidenheit, Frömmigkeit, Sittsamkeit, Tugend, Aufrichtigkeit, Verstand und Reichtum, und eben wollte die zwölfte weise Frau auch noch ihren Wunsch aussprechen, als die dreizehnte in das Zimmer trat, die nicht eingeladen worden war, und zornig ausrief: »In fünfzehn Jahren soll die Königstochter sich in eine Spindel stechen und tot hinfallen!« Mit diesen Worten war die böse Alrune wieder verschwun-

den, und die andern standen starr vor Schrecken, denn die weisen Frauen machten keine vergeblichen Worte.

Ein Glück, daß die zwölfte weise Frau ihren Wunsch noch nicht ausgesprochen hatte. Sie konnte zwar das, was einmal eine weise Frau gedroht hatte, nicht abändern, aber ihm doch eine mildernde Wendung geben, und rief: »Die Königstochter soll nur in einen tiefen Schlaf fallen, der soll hundert Jahre dauern und nicht länger.« Der König ließ sogleich ein Regierungsmandat im ganzen Lande ergehen, kraft dessen alle Spindeln überall abgeschafft und dafür die Spinnräder eingeführt wurden; indes erwuchs die schöne Königtochter zu einem Fräulein, das an Schönheit, Holdseligkeit, Freundlichkeit, Milde, Demut, Züchtigkeit, Herzensgüte, Tugend und Verstand seinesgleichen suchte, und so kam es zu seinem fünfzehnten Jahre, von allen, die es kannten, geliebt, ja angebetet. Und da bekam die Prinzessin gerade Lust, sich im Schloß ein bißchen umzusehen, ging durch mehrere Gemächer und kam an eine Treppe, die zu einem alten Turm führte; diese stieg es hinan und kam an ein niedrig Kammertürlein, da steckte ein alter verrosteter Schlüssel daran, und neugierig, wie die ganz jungen Mädchen sind, drehte die Prinzessin an dem Schlüssel, und die Türe ging gleich auf. Da saß ein uraltes Spinneweiblein und spann emsig mit einer Spindel; es mochte wohl des Königs Gesetz nicht gehört oder gelesen oder es längst vergessen haben. Die umhertanzende, auf und nieder wirbelnde Spindel machte der jungen Königstochter viel Freude, sie haschte nach der Spindel, wollte auch spinnen und stach sich damit, denn es war gerade der Tag, an welchem die Prophezeiung der erzürnten weisen Frau in Erfüllung gehen sollte.

Und die Königstochter fiel nieder in einen Schlaf. Und da überkam derselbe Schlaf auch den König und die Königin und das ganze Schloß. Da mag es schön langweilig gewesen sein! Der ganze Hofstaat schlief ein, vom Hofmarschall bis zum Küchenjungen, den der Koch wegen eines Versehens gerade an den Haaren zauste und ihm eine Ohrfeige geben wollte, und Koch und Kellner, Kammerfrau und Kammerjungfer, Kind und Kegel, Hund und Katze, ja die Tauben und Sperlinge auf dem Dache, die Pfauen und Papageien und selbst die Fliegen an der Wand, die schliefen alle. Und das Feuer auf dem Herd legte sich und schlief ein, und der Wind legte sich auch, und wurde alles piepstill, daß man kein Mäuschen im ganzen Schloß mehr knuspern hörte, dieweil die Mäuslein auch schliefen. Und da kam kein Mensch mehr in das verzauberte Schlummerschloß, um welches rund herum eine mächtige Dornenhecke emporwuchs, jedes Jahr einige Schuh höher, bis sie den höchsten Turm überwachsen hatte, daß man nicht einmal die Fahne und den Wetterhahn mehr sah, und so dicht, daß kein menschliches Wesen eindringen konnte.

Und da wurde das Schloß allmählich ganz vergessen, und es ging nur die Sage, hinter den Dornen stehe ein Schloß, darin schlafe das Dornröschen, die verzauberte Prinzessin, wie lange schon und wie lange noch, wisse niemand. Zwar kamen von Zeit zu Zeit Königssöhne, die wollten hindurchdringen durch die Hecke, allein dieselbe war allzu dicht, und konnten es nicht erlangen, blieben wohl gar in den Dornen verstrickt und kamen elendiglich darin um.

Und so waren nun hundert Jahre vergangen, und die Zeit war da, daß das Dornröschen wieder erwachen sollte, es wußte dies aber niemand genau, und da kam auch ein Königssohn, der hörte die Mär von dem schlafenden Dornröschen aus dem Mund eines Alten, der sie ihm gewiß versicherte, denn sein Vater und Urgroßvater hätten ihm oft davon erzählt, und der Alte mußte den Königssohn hin an die verrufene Dornhecke führen. Und das

geschah just am hundertsten Jahrestag, seit das Dornröschen in seinen Zauberschlaf gefallen war. Und die Dornhecke stand über und über voll Rosenblumen, das war seit Menschengedenken nicht der Fall gewesen, auch konnte der Königssohn frei durch die Dornhecke gehen, kein Dorn berührte sein Gewand, aber gleich hinter ihm schloß sich die Hecke wieder. Und da fand er alles unversehrt; kein Wind hatte geweht und kein Regen genäßt, das Jahrhundert war über den Häuptern der Schlummernden so leise hinweggeflogen wie ein Schwan über einen stillen See voll träumender Wasserlilien. Da schliefen noch alle Fliegen und alle Mäuschen, da schliefen Huhn und Hahn, Katz und Hund, Magd und Zofe, Kammerherr und Kammerknecht und auch König und Königin.

Das alles sah der Königssohn mit großer Verwunderung, ging nun hinauf in den Turm und kam in die Kammer, wo das süße Dornröschen lag und so sanft schlief, hehr umflossen vom Heiligenschein seiner Unschuld und vom Glanze seiner Schönheit. Da beugte der Prinz sich nieder und küßte das Dornröschen, und alsbald schlug es die Augen auf. Der Königssohn sagte ihm, wie alles sich zugetragen, und führte es herab in das Schloß. Da erwachte alles, König und Königin, Zwerg und Zofe, Hunde und Pferde, Feuer und Wasser, Wind und Wetterhahn, und der Koch gab dem Küchenjungen die Ohrfeige, die er ihm vor hundert Jahren schuldig geblieben war, und alles ging wieder seinen Gang, und es wurde eine stattliche Hochzeit ausgerichtet, nämlich des Dornröschens mit dem Königssohn, der es aus dem Schlummer erlöst, und sie lebten glücklich und zufrieden miteinander, bis an ihr Ende.

RAINER MARIA RILKE

Komm her; wir wollen eine Weile still sein

Komm her; wir wollen eine Weile still sein.
Sieh diese Rose an auf meinem Schreibtisch;
Ist nicht das Licht um sie genau so zaghaft
Wie über dir: Sie dürfte auch nicht hier sein.
Im Garten draußen, unvermischt mit mir,
Hätte sie bleiben müssen oder hingehn, –
Nun währt sie so: Was ist ihr mein Bewusstsein?

WILHELM BUSCH

Am Vorabend von Rosens Geburtstag

Lauschend am Fenster sitzt der Poet. –
Draußen die Blumen und Pflänzchen
Halten ihr Abendkränzchen
Auf dem Gartenbeet.

Der Mond in Silberlivree,
Leise geschäftig,
Kredenzt den Tau, den Blütentee,
Anregend und kräftig.

Und von Kelch zu Kelche
Geht ein Geflüster:
Also morgen ist er!

Frau Ehrenpreis (Veronika)
Ja, morgen feiert sie
Ihren werten Entsprießungstag –

Taubnessel (mit dem Hörrohr)
Hä, was? Hä, welche?

Frau Ehrenpreis (lauter)
– – Drüben im Garten die schöne Frau Rose – –

Taubnessel
Ah! mit den zwei Knospen die!

Frau Ehrenpreis
– – die tadel- und dornenlose – –

Distel (für sich)
Wer's glauben mag!

Frau Ehrenpreis
– Von Duft und Glanz umwoben.

Distel
Man weiß, man weiß!
Die gute Frau Ehrenpreis
Muß immer loben.
Und doch hat unser Röschen, das feine,
Allerlei kleine
Grillen und Räupchen
Unter dem zierlichen Häubchen.

Gänseblümchen
Oh, wie reizend!

Distel
Bald steht sie da so mildiglich
Und senkt die Blätter,
Bald rüttelt, schüttelt und spreizt sie sich,
Je nach dem Wetter.

Gänseblümchen
Oh, wie reizend!

Klatschrose
Ja, reizend, das wollt ich meinen!
Drum sieht man auch häufig den Löwenzahn,

Den Rittersporn und den Baldrian
Dort wachsen und erscheinen.

Gänseblümchen
Oh, wie reizend!

Klatschrose
Ja, reizend, ganz recht!
Und dann dieser Musenknecht,
Dieser Dichter –

Distel
Der Versetrichter –

Klatschrose
– mit den langen Locken –

Distel
– mit dem Loch im Socken.

Gänseblümchen
Oh, wie reizend!

Klatschrose
Alltäglich kläglich mit Gefühl
In ihrer Nähe
Entlockt er seinem Saitenspiel
Lieblich Getön
Und singt so schön –

Distel
– wie 'ne Mantelkrähe.

Klatschrose
Zum Beispiel, noch gestern – –

Lilie (sanft)
Geliebte Schwestern! –

Frau Ehrenpreis
Ihr Muster der Milde!
Ihr Tugendgebilde!

Lilie
Wen sollte der festliche Tag nicht rühren!
Ich denke doch – –

Levkoje, Tulpe, Päonie, Flox usw.
Ja, ja, wir alle gratulieren!!

Frau Ehrenpreis
Ein Schöngeist blüht in unsrer Mitte,
Ein hochgeschickter –
Fräulein Federnelke –

Federnelke
Oh, bitte!

Distel (für sich)
Blaustrumpf, verrückter!

Frau Ehrenpreis
– – Federnelke, die wundersame,
So lautet ihr holder botanischer Name.
Vielleicht läßt sie sich freundlich erweichen

Und schreibt und dichtet ein Billett,
Duftend, geistvoll und nett.
Das möge dann die dienende Biene,
Unsere süße, geflügelte Schleckerkathrine,
Hinschwebend im frühesten Morgenwind,
Dem hohen Geburtstagskind
Ehrfurchtsvoll sumsend überreichen.

Gänseblümchen
Oh, wie reizend!

Federnelke (schreibt und liest)
»Veredelte Rose und Nachbarin!
Nehmet dies Brieflein gnädig hin,
Sintemalen dasselbe geschrieben
Von allerlei Pflanzen, welche Euch lieben.
Verleihe der Himmel Euer Gnaden
Beständig ein sanftes Sonnenlicht
Und frischen Tau und meinetwegen
Auch hie und da ein wenig Regen,
Nur Sturmwind nicht,
Denn dieser tut der Schönheit schaden.
Ergebenst mit Herz und Honigmund
Das Blumenkränzchen: Tugendbund.«

Gänseblümchen
Oh, wie reizend!

Federnelke
Ich denke, es macht sich so!

Alle
Bravo bravissimo!

Mond
Noch'n Tässchen Tee gefällig?

Levkoje
Ich trank schon drei.

Flox
Ich fünf.

Tulpe
Ich acht.

Päonie
Mein Mieder kracht!

Alle
Gute Nacht, gute Nacht!

(Die Blumen nicken. Der Mond geht unter. Der Poet, nachdem er noch einen Blick in die Nacht hinausgebohrt, schließt leise das Fenster.)

ELISABETH LANGGÄSSER

Öffnet mir den Jahreskreis

Öffnet mir den Jahreskreis,
Springwurz, Farn und Moose,
Nordwind laut und Südwind leis,
Blüten voll von süßem Schweiß,
Gift und Tau
Silberblau –
Denn ich heiße Rose.

Keines Bienenleibs Gewicht
Lag mir noch im Schoße,
Als mich weckte jenes Licht,
Das mich sah – ich sah es nicht –
Und mich hieß,
Mich entließ
Mit dem Namen Rose.

Spielend sprang ich vor ihm auf,
Schloß Pandoras Dose,
Blatt um Blatt wuchs hoch zu Hauf,
Überdrang der Narbe Knauf,
Ihrer Sucht
Feuerfrucht
Die da nicht heißt Rose.

Holder Brüste hundert Paar,
Trug ich, Kinderlose,
Bis der Samenfülle Schar
Euch, verwandelt, mitgebar:
Weltengrund,
Sternengrund,
In dem Namen Rose.

GEORG VON DER VRING

Die letzte Rose

Wer hat dieser letzten Rose
Ihren letzten Duft verliehn?
Tritt hinaus ins Sonnenlose,
Atme ihn und spüre ihn,

Wie er rot im Offenbaren
Und verschwebender wie Wein
Wesen kündet, die nie waren
Und die hier nie werden sein.

Die Rose ist ohne warumb
sie bluehet weil sie bluehet.
Sie achtt nicht jhrer selbst
fragt nicht ob man sie sihet.

Angelus Silesius

ACHIM VON ARNIM

Die Rose

Die Rose blüht, ich bin die fromme Biene,
Und rühre zwar die keuschen Blätter an,
Daher ich Tau und Honig schöpfen kann,
Doch lebt ihr Glanz und bleibet immer grüne,
Und also bin ich wohlgemüt,
Weil meine Rose blüht.

Die Rose blüht, Gott laß den Schein verziehen,
Damit die Zeit des Sommers langsam geht,
Und weder Frost noch andere Not entsteht,
So wird mein Glück in dieser Rose blühen,
So klingt mein süßes Freuden-Lied:
Ach, meine Rose blüht!

Die Rose blüht, und lacht vor andern Rosen
Mit solcher Zier und Herzempfindlichkeit,
Daß auch mein Sinn sich zu der Pflicht erbeut,
Mit keiner Blum im Garten liebzukosen,
Weil Alles, was man sonsten sieht,
In dieser Rose blüht.

ROSE AUSLÄNDER

Rose und Schmetterling

Wenn das weiße Morgenlächeln
   über meinem Kelche hängt,
und der Frühluft leises Fächeln
   sich in meinem Haar verfängt,
daß mein grüner Körperstengel
   sehnsuchtschwer sich überneigt,
kommt ein schöner Falterengel,
   der mit mir zum Himmel steigt.

Meine duftige Gewandung
   wandelt er zum Flügelkleid,
über Tag und Mittagsbrandung
   schweben wir durch lose Zeit.
Und wir schaukeln, und wir strahlen
   unsre Seelen in die Luft,
füllen alle Blütenschalen:
   er mit Farbe, ich mit Duft.

NIKOLAUS LENAU

Die Rose der Erinnerung

Als treulos ich das teure Land verließ,
Wo mir, wie nirgend sonst, die Freude blühte,
Mich selbst verstoßend aus dem Paradies
Voll Freundesliebe, holder Frauengüte;

Und als ich stand zum ernsten Scheidegruß
An meiner Freuden maiengrünem Saume,
Als mir im Auge quoll der Tränenguß
Wie warmer Regen nach dem Frühlingstraume:

Da bog sich mir zum Lebewohl herab
Der reichsten einer von den Blütenzweigen,
Der freundlich mir noch eine Rose gab;
Mein Herz verstand sein liebevolles Schweigen.

»Nicht in den Staub, o Freund, hier weine hin,
Hier auf die weichen Blätter dieser Rose!«
Das war der stummen Gabe milder Sinn;
Und schmerzlich rasch folgt ich dem Wanderlose

In fremde Welten fuhr mich der Pilot,
Vom teuren Lande trennen mich nun Meere;
Und wie mir einst das Lebewohl gebot,
Netz ich die Blume mit getreuer Zähre.

Der Rose inniglicher Duft entschwand,
Es ging die frische Farbenglut verbleichen;
Sie ruht so blaß und starr in meiner Hand,
Des Unverwelklichen ein welkes Zeichen.

Des Unverwelklichen? – sie rauscht so bang,
Will meine Hand die Rose wieder wecken;
Als wär es ein prophetisch trüber Klang,
Hör ich den Laut mit heimlichem Erschrecken.

O Rose der Erinnerung geweiht!
Mir dünket deiner welken Blätter Rauschen
Ein leises Schreiten der Vergänglichkeit,
Hörbar geworden plötzlich meinem Lauschen!

OTTO JULIUS BIERBAUM

Rosenopfer

Kind, das Bette ist bereit,
Lege dich nun nieder
Und tu ab dein schwarzes Kleid,
Rock und Hemd und Mieder.

Eva, Eva, Evalein,
Lasse dich beschauen!
Ist das wirklich Alles mein?
Darf ich michs getrauen?

Pst! Sie spielt die Schläferin.
Leise und verstohlen
Schleich ich mich zur Vase hin,
Rosen herzuholen.

Und ich überschütte sie,
Brust und Leib und Lenden,
Und ich sinke in die Knie
Mit erhobnen Händen.

Der noch nie ich am Altar
Eines Gottes kniete,
Meine Rosen bring ich dar
Dir, oh Aphrodite.

Gottlos lief ich kreuz und quer
Mit beschwerten Sinnen
Hinter leeren Schatten her,
»Wahrheit« zu gewinnen.

Nichts gewann ich und verlor
Meine besten Tage,
Denn sie raunten mir ins Ohr
Immer neue Frage.

Oh die Schatten! Hin und her!
Die verwünschten Spinnen:
Doch ich folge nun nicht mehr
Diesen Fragerinnen.

Dir, die keine Fragen weiß,
Die nur lacht: ich gebe!,
Dir strömt meine Andacht heiß:
Schönheit, sieh, ich lebe!

Liebliche, oh nimm mich hin,
Daß ich neu erwarme;
Aphrodite, Schenkerin,
Nimm mich in die Arme.

Und mein süßes Mädchen lacht
Rosendüftetrunken.
In der schönsten Brüste Pracht
Bin ich hingesunken.

CLAIRE GOLL

Es werden die Klagerosen kommen

Es werden die Klagerosen kommen
In ihren durchnäßten Shawls,
Die Jungfrauen unter den Rosen
Mit den wächsernen Wangen, immer in Weiß.
Die kleinen Moosrosen, Dorfmädchen mit Sommersprossen,
Die die Baumschule schwänzen,
Die fröstelnden Waisen
Mit ihrem Vormund aus Bambus,
Und die alten Rosen krankend
Am Schanker des Rosenstocks:

Es werden die Rosen aller Maimonate kommen,
Die Heckenrosen, Rosen des Volks,
Und die mondänen Rosen der Schlösser,
Die billigen Bastardrosen,
Die Prinzessinnen aus Bengalien,
Die Töchter des Hafis,
Und du, erste Rose aus der Hand des Geliebten,
Konkurrentin der himmlischen Rose!

Alle Rosen der Welt
Werden auf unserem Grabe weinen.

JAKOB UND WILHELM GRIMM

Der Rosenstrauch zu Hildesheim

Als Ludwig der Fromme winters in der Gegend von Hildesheim jagte, verlor er sein mit Heiligtum gefülltes Kreuz, das ihm vor allem lieb war. Er sandte seine Diener aus, um es zu suchen, und gelobte, an dem Orte, wo sie es finden würden, eine Kapelle zu bauen. Die Diener verfolgten die Spur der gestrigen Jagd auf dem Schnee und sahen bald aus der Ferne mitten im Wald einen grünen Rasen und darauf einen grünenden wilden Rosenstrauch. Als sie ihm näher kamen, hing das verlorene Kreuz daran; sie nahmen es und berichteten dem Kaiser, wo sie es gefunden. Alsobald befahl Ludwig, auf der Stätte eine Kapelle zu erbauen und den Altar da hinzusetzen, wo der Rosenstock stand. Dieses geschah, und bis auf diese Zeiten grünt und blüht der Strauch und wird von einem eigens dazu bestellten Manne gepflegt. Er hat mit seinen Ästen und Zweigen die Ründung des Doms bis zum Dache umzogen.

HEINRICH HEINE

Der Schmetterling ist in die Rose verliebt

Der Schmetterling ist in die Rose verliebt,
Umflattert sie tausendmal,
Ihn selber aber, goldig zart,
Umflattert der liebende Sonnenstrahl.

Jedoch, in wen ist die Rose verliebt?
Das wüßt ich gar zu gern.
Ist es die singende Nachtigall?
Ist es der schweigende Abendstern?

Ich weiß nicht, in wen die Rose verliebt;
Ich aber lieb euch all':
Rose, Schmetterling, Sonnenstrahl,
Abendstern und Nachtigall.

FRIEDRICH HEBBEL

Die Rosen

Als du frühmorgens gingst
Und an der Sonne hingst,
Pflücktest du dir,
Die, von ihr angeglüht,
Still vor ihr aufgeblüht,
Und nun den Duft versprüht,
Rosen zur Zier.

Hältst sie noch Abends fest?
Schmeichelte dir der West
Längst sie nicht ab?
Siehst ja, ihr Leben schwand!
Wo ist der Farbenbrand?
Doch nur in deiner Hand
Sind sie im Grab.

Gieb sie den Winden preis,
Daß sie mit ihnen leis
Düngen den Strauch.
Fühlt's nicht sogleich der Zweig,
Fühlt's doch die Wurzel gleich,
Und ist nur diese reich,
Wird der es auch!

ELISABETH VON ARNIM

Aus dem Tagebuch

Gerade können wir wieder nach all der hektischen Geschäftigkeit, rechtzeitig für den Sommer die neuen Beete, Rabatte und Wege anzulegen, etwas aufatmen. Die elf Beete rings um die Sonnenuhr sind voller Rosen, aber ich sehe schon, daß ich bei einigen Fehler gemacht habe. Da ich keine Menschenseele habe, mit der ich darüber (oder über sonst etwas) Erfahrungen austauschen könnte, ist Fehlermachen hier meine einzige Art zu lernen. Alle elf Beete sollten einen Teppich von purpurfarbenen Stiefmütterchen bekommen, aber als ich entdeckte, daß nicht genügend vorhanden waren und niemand mir welche zu verkaufen hatte, haben nur sechs ihre Stiefmütterchen bekommen, in den übrigen ist Zwergreseda gesät. Zwei von den elf Beeten haben Marie-van-Houtte-Rosen, zwei Vicomtesse Folkestone, zwei Laurette Messimy, eines hat Souvenir de la Malmaison, eines Adam und Devoniensies, zwei haben Persisch-Gelb und Bicolor, und ein großes Beet hinter der Sonnenuhr hat drei Sorten roter Rosen (zweiundsiebzig in allem): Herzog von Teck, Cheshunt Scharlach und Prefet de Limburg. Dieses Beet ist bestimmt ein Fehler, einige andere vermutlich ebenfalls, aber ich muß natürlich abwarten, da ich nun mal so wenig Bescheid weiß. Außerdem habe ich auf jeder Seite des Halbkreises zwei längliche Beete ausheben lassen und Gartenreseda gesät; in eines habe ich Marie-van-Houtte gesetzt, ins andere Jules Finger-und-die-Braut; und in einem warmen Winkel unter den Salonfenstern befindet sich ein Beet mit Madame Lambard, Madame de Watteville und Comtesse Riza du Parc; weiter hinten im Garten ist, geschützt von einer Gruppe Buchen und Fliedersträucher im Norden und Westen, noch ein großes Beet mit Rubens, Madame Joseph Schwartz und die Ehrenwerte Edith Gifford. Das sind Zwergrosen; ich habe nur zwei Rosenbäumchen im ganzen Garen, zwei Madame George Bruants,

und sie ähneln Besenstielen. Wie ich mich nach dem Tag sehne, an dem die Teerosen erblühen! Noch nie habe ich mich so unmäßig auf etwas gefreut; und jeden Tag mache ich die Runde und bewundere, was die lieben Kleinen in den vierundzwanzig Stunden an neuen Blättern oder lieblich roten Sprossen hervorgebracht haben. Die Stockrosen und Lilien (die jetzt blühen) sind noch unter den Südfenstern in einer schmalen Rabatte auf einem Grashügel, an dessen Fuß ich zwei lange Rabatten Gartenwicken gesät habe, den Rosenbeeten gegenüber, damit meine Rosen bis in den Herbst hinein etwas anzuschauen haben, das beinah so liebreizend ist wie sie selbst, wonach dann alles Platz machen muß für weitere Teerosen. Der Weg, der von diesem Halbkreis weiter in den Garten führt, ist gesäumt von Chinesischen Rosen, weißen und rosafarbenen, hier und da von einem Persisch-Gelb. Ich wünschte mir, ich hätte Teerosen dort gepflanzt, und mir schwant Schlimmes bei der Wirkung des Persisch-Gelbs zwischen den chinesischen Rosen, denn letztere sind solche Winzlinge, und das Persisch-Gelb sieht so aus, als wolle es zu mächtigen Büschen werden.
Kein Geschöpf in dieser ganzen Gegend hier kann auch nur annähernd verstehen, mit welchem Herzklopfen ich mich auf das Aufblühen dieser Rosen freue! Gibt es doch nicht ein deutsches Gartenbuch, das nicht alle Teerosen ins Treibhaus verbannt, sie lebenslang einsperrt und so für alle Zeit dem Odem Gottes entzieht. Zweifellos war es reine Unwissenheit, daß ich dort, wo teutonische Engel keinen Fuß aufzusetzen wagen, fröhlich hineingestürmt bin, und meine Teerosen dem nördlichen Winter ausgesetzt habe; doch sie haben ihm unter Kiefernzweigen und Laub ins Gesicht geblickt, und nicht eine hat darunter gelitten – und heute sehen sie so glücklich aus und dazu entschlossen, sich des Lebens zu erfreuen, wie, dessen bin ich mir sicher, jede andere europäische Rose. […]

22. Dezember […] Ich bin jeder Blume aufrichtig dankbar, die robust ist und bereit, hier zu gedeihen. Stiefmütterchen scheinen ih-

ren Standort hier zu mögen, und auch die Gartenwicken; Nelken nicht, und nach vielen Schmeichelworten brachten sie im letzten Sommer grad ein paar Blüten hervor. Fast alle Rosen waren trotz des sandigen Bodens ein Erfolg, ausgenommen die Teerose Adam, die reichlich schwellende Knospen zeigte, doch plötzlich braun wurde und einging, und die drei Rosenbäumchen von Dr. Grill, die in einer Reihe standen und einfach schmollten. Ich war wegen den Dr. Grills ganz aufgeregt gewesen, da ihre Beschreibung in den Katalogen mich besonders fasziniert hatte, und zweifellos verdiente ich die Abfuhr. »Regt euch über nichts auf, ihr Süßen«, wird der Rat lauten, den ich meinen drei Kindern geben werde, so die Zeit gekommen ist, sie auf Gesellschaften zu führen, »oder wenn, dann zeigt es nicht. Seid ihr von Natur aus Vulkane, speit zumindest kein Feuer. Seht nicht erfreut aus oder interessiert, vor allem seht nicht eifrig aus. Kühler Gleichmut sollte in euren Gesichtern zu lesen sein. Laßt euch niemals anmerken, daß ihr jemand oder etwas gern habt. Bleibt gelassen, unberührt und zurückhaltend. Tut ihr nicht so, wie eure Mutter sagt, und seid bloß schwärmerische, ausgelassene, junge Dummerchen, bleiben euch Abfuhren nicht erspart. Tut ihr, was sie euch sagt, werdet ihr Prinzen heiraten und lebt glücklich und zufrieden bis an euer seliges Ende.« Dr. Grill muß eine deutsche Rose sein. Je mehr man in dieser Gegend seine Freude

darüber zeigt, jemand zu sehen, desto weniger freut sich der andere darüber; wohingegen der andere sichtlich auftaut, wenn man unfreundlich ist, seine Miene hellt sich zusehends auf, wird um so liebenswürdiger, je abweisender und griesgrämiger die eigene wird. Bei einer Rose hatte ich allerdings nicht mit solch einem Verhalten gerechnet, und ich war empört über Dr. Grill. Die Rosen hatten den besten Standort im Garten: warm, sonnig und geschützt; ihre Setzlöcher waren mit liebevollster Sorgfalt vorbereitet worden; sie hatten die erlesenste Mischung aus Kompost, Tonerde und Dünger erhalten und waren während der ganzen Dürrezeit fleißig begossen worden, wo andere, willigere Blumen nichts bekamen; und sie weigerten sich etwas anderes zu tun, als schwarz auszusehen und zu kümmern. Sie gingen nicht ein, gediehen aber auch nicht – existierten bloß; und am Ende des Sommers hatte nicht eine von ihnen einen Trieb oder ein Blättchen mehr als im April, wo sie gepflanzt worden waren. Sie wären besser sofort eingegangen, denn dann hätte ich gewußt, was zu tun sei; so aber beanspruchen sie noch immer den besten Platz, sind sorgsam gegen den Wind abgedeckt und verdrängen freundlichere Rosen. Womöglich haben sie sich dasselbe Verhalten auch fürs nächste Jahr vorgenommen. Heimsuchungen sind ja das Los der Menschheit, und Gärtner haben da ihren gerechten Anteil, und jedenfalls wird man besser von Pflanzen als von Personen heimgesucht, da man bei Pflanzen, die man kennt, alsbald sieht, daß man selbst im Unrecht ist; bei Menschen ist es immer umgekehrt [...].

JOHANN WOLFGANG VON GOETHE

Rosen, ihr blendenden

Rosen, ihr blendenden,
Balsam versendenden!
Flatternde, schwebende,
Heimlich belebende,
Zweigleinbeflügelte,
Knospenentsiegelte,
Eilet zu blühn.

Frühling entsprieße,
Purpur und Grün!
Tragt Paradiese
Dem Ruhenden hin.

SELMA MEERBAUM-EISINGER

Der Sturm

Steht ein Rosenstrauch in deinem Garten
Und er ist noch gar nicht grün.
Und du kannst es kaum erwarten,
Daß die erste Knospe komme, zart und dünn,
Und daß sie verkünde neues Leben.
Wartest, wartest voller Angst und Beben,
Bis ein Morgen kommt – und sie ist da.

Und sie ist so fein und schlank und hell,
Ganz geschlossen noch und kaum gesehn
Und du möchtest, daß sie aufbricht, ganz, ganz schnell,
Da du weißt, wie rasch die zarten untergehn.
Doch es enteilt ein Tag und es enteilt ein zweiter
Und die Himmel werden blauer, werden weiter
Und die Knospe bricht nicht auf.

Und du weißt: wenn jetzt ein Frost kommt, stirbt sie,
Stirbt und hat das Leben nicht gelebt.
Möchtest gerne helfen und weißt doch nicht wie,
Fürchtest sehr, daß nicht ein Wind sich hebt,
Der sie dir vom Stamme bricht –
In der Nacht, du schläfst und siehst es nicht,
Und sie ist bei Tag schon tot.

Kommt dann eine Nacht, und Stürme brausen um dein Haus,
Um dein Haus mit den verschloßnen Toren.
Und du bäumst dich auf und willst und willst hinaus
Und dir klingt's wie Wimmern in den Ohren.
Endlich bist du draußen – und du siehst den Rosenstrauch dir an –
Sieh – es ist die Knospe aufgebrochen.
Was die Sonne nicht vermocht' in langen Wochen,
hat ein einz'ger Sturm getan.

ELISABETH VON ÖSTERREICH

Mir ahnte wohl, dass manche bunte Rosen

Mir ahnte wohl, dass manche bunte Rosen
Aus dieses Meeres tief verborgnem Grund
Zu der krystallnen Fläche würden sprossen
In heimlich stiller, unbelauschter Stund'.
Der wilden Wogen Salz hat sie begossen,
Drum sind sie oft so seltsam und so bunt.
Nun, da mein Kranz gewunden, muss ich fliehen.
Wo werden wohl die nächsten Rosen blühen?

Es ist wichtiger,
daß jemand
sich über eine Rosenblüte freut,
als daß er ihre Wurzel
unter das Mikroskop bringt.

Oscar Wilde

HUGO VON HOFMANNSTHAL

Der Rosenkavalier

(...) *Octavian, die Rose in der Rechten, geht mit adeligem Anstand auf sie zu, aber sein Knabengesicht ist von seiner Schüchternheit gespannt und gerötet. – Sophie ist vor Aufregung über seine Erscheinung und die Zeremonie leichenblaß. Sie stehen einander gegenüber.*

OCTAVIAN *nach einem kleinen Stocken, indem sie einander wechselweise durch ihre Verlegenheit und Schönheit noch verwirrter machen.*
Mir ist die Ehre widerfahren,
daß ich der hoch- und wohlgeborenen Jungfer Braut,
in meines Herrn Vetters,
dessen zu Lerchenau Namen,
die Rose seiner Liebe überreichen darf.
SOPHIE nimmt die Rose.
Ich bin Euer Liebden sehr verbunden.
Ich bin Euer Liebden in aller Ewigkeit verbunden. –

Eine Pause der Verwirrung.

SOPHIE *indem sie an der Rose riecht*
Hat einen starken Geruch. Wie Rosen, wie lebendige.
OCTAVIAN
Ja, ist ein Tropfen persischen Rosenöls darein getan.
SOPHIE
Wie himmlische, nicht irdische, wie Rosen
vom hochheiligen Paradies. Ist Ihm nicht auch?

Octavian neigt sich über die Rose, die sie ihm hinhält; dann richtet er sich wie betäubt auf und sieht auf ihren Mund.

SOPHIE
Ist wie ein Gruß vom Himmel. Ist bereits zu stark!
Zieht einen nach, als lägen Stricke um das Herz.
Wo war ich schon einmal
und war so selig!
OCTAVIAN *zugleich mit ihr wie unbewußt und leiser als sie*
Wo war ich schon einmal
und war so selig?
SOPHIE
Dahin muß ich zurück! und wärs mein Tod.
Wo soll ich hin,
daß ich so selig werd?
Dort muß ich hin und müßt ich sterben auf dem Weg.
OCTAVIAN *die ersten Worte zugleich mit ihren letzten, dann allein*
Ich war ein Bub,
wars gestern oder wars vor einer Ewigkeit.
Da hab ich die noch nicht gekannt.
Die hab ich nicht gekannt?
Wer ist denn die?
Wie kommt sie denn zu mir?
Wer bin denn ich? Wie komm ich denn zu ihr?
Wär ich kein Mann, die Sinne möchten mir vergehn.
Aber ich halt sie fest, ich halt sie fest.
Das ist ein seliger, seliger Augenblick,
den will ich nie vergessen bis an meinen Tod. (...)

ANASTASIUS GRÜN

Elfenleiden

In geheimer stiller Freude
Blickt' ich eine Rose an,
Die im Perl- und Purpurkleide
Schwellend aufzublühn begann.

Bange doch vielleicht zu Muthe
War's dem Elfen, klein und traut,
Der in ihrem Kelche ruhte,
Drin sein Häuschen er gebaut.

Wenn ein Knöspchen platzend springet,
Kracht's ihm wohl wie Donnerklang,
Wenn ein West die Rose schwinget,
Macht ihm Erdebeben bang!

Wie ihr Kelch sich auftut Allen,
Schreckt ein Abgrund schwindelnd ihn,
Und des Blüthenstaubes Fallen
Stürzt auf ihn als Schneelavin'.

Eine Überschwemmung drohte
Seiner Wohnung, Hab' und Haut,
Als es kühl aus Morgenrothe
Perlen in den Kelch gethaut.

Als mein Atem freier wehte,
Schien's ihm Sturmwinds Ungestüm,
Und vielleicht gar als Komete
Droht' mein heitrer Blick ob ihm.

Und mit Bangen sonder Gleichen
Harrt der Kleine ängstlichscheu,
Was wohl all der Schreckenszeichen
Grausenhaftes Ende sei?

Doch mit tiefer stiller Freude
Blickte ich die Rose an,
Die im Perl- und Purpurkleide
Blütenvoll sich aufgetan.

WILHELM MÜLLER

Rosensamen

Ich ging vorüber heut' an deinem Fenster,
Und zankte mit dem dichten grünen Ginster,
Der dich vor meinen Blicken ganz versteckte.

Da sah ich, wie aus dem Gesträuch geschwinde
Heraus sich streckten deine weißen Hände,
Und Wasser nieder troff von ihren Fingern.

Wie gern hätt' ich ein Tröpfchen aufgefangen!
Doch alle hat die Erde gleich verschlungen,
Und morgen werden Rosen aus ihr wachsen.

MAX DAUTHENDEY

Sie hat Rosen angezündet

Meine Liebste ist mit Lächeln
Durch die Dornen hingegangen,
Und an allen wilden Dornen
Hat ein Blühen angefangen.
Sie hat Rosen angezündet,
Eine blieb am Rock mir hangen,
Und blieb dicht an meinem Herzen
Bangrot wie der Liebsten Wangen.

ARNO HOLZ

Ich trat in mein Zimmer

Ich
Trat in mein Zimmer.

Die
Fenster ... standen ... weit auf,
Draußen
Schien die Sonne.

Wie
Wunderbar:

Aus
Tiefstsattem, köstlichstem,
Noch
Taublätterigem, noch tauglitzerigem, noch tauleuchttropfigem
Dunkelglanzgrün,
Flimmernd, schimmernd, glimmernd,
Mitten
Im
Schattenkühlen, ebenerdigen, weinrebenumkletterhangenen
Gartenhausraum,
Rosen!

Ein
Ganzer großer, wundervoller,
Prachtender, prahlender, prangender, strahlender,
Stolzstattlicher
Strauß!

Weiße, gelbe, lichtnußbraune,
Rote,
Zarte, blasse, rührend sanftrosaknospende,
Fast
Mystisch,
Schwarzblau, samtschwer
Schillernde
Und
Feuerigst, traumhaft, rauschherrlichst
Lodernde
Aus wildem, aus
Üppigstem, aus prunkendstem
Orange!

....

Langsam,
Zauberisch ... wie ... mich bannend,
Zog es mich
Näher.

Ah,
Wie das herzduftete! ... Ah ... wie das seelendurchfrohte!
Ah,
Wie das
Wohl ... tat!

Und
Ich stellte das
Glas
Behutsam, sorglich, vorsichtig,
Andächtig, versunken
Wieder ... auf ... meinen

Alten,
Buchenen, konzeptpapierbedeckten, tintfleckenüberkleckten,
simpelen
Schreibtisch.

Du
Süße! ... Du ... Liebe!
Du
Gute!

....

Dort
Steht es nun,
Buntblitzerig, farbenüberfunkelt, märchentrautschön;
Labespendet
Seinen berückenden, erquickungsendet seinen beglückenden,
Troststreut
Seinen vielfältig feinen, seinen mannigfaltig reinen, seinen
Durchmengt, durchmischt,
Verschwenderisch
Unvergleichbaren,
Lauteren, wonniglichen, lieblichen,
Makellosen,
Morgenfrühen, morgenfreudigen, morgenfrischen
Balsamruch;
Und in alles, was ich dichte, und in alles, was ich denke, und in
alles, was ich
Sinne, trachte,
Arbeite und erträume,
Glänzt jetzt sein reicher, haucht jetzt sein weicher, fließt jetzt
Sein holder, sein voller, sein
Beseligender
Schein.

CHRISTIAN MORGENSTERN

Von den heimlichen Rosen

Oh, wer um alle Rosen wüsste,
Die rings in stillen Gärten stehn –
Oh, wer um alle wüsste, müsste
Wie im Rausch durchs Leben gehn.

Du brichst hinein mit rauhen Sinnen,
Als wie ein Wind in einen Wald –
Und wie ein Duft wehst du von hinnen,
Dir selbst verwandelte Gestalt.

Oh, wer um alle Rosen wüsste,
Die rings in stillen Gärten stehn –
Oh, wer um alle wüsste, müsste
Wie im Rausch durchs Leben gehn.

RICHARD DEHMEL

Wellentanzlied

Ich warf eine Rose ins Meer,
Eine blühende Rose ins grüne Meer.
Und weil die Sonne schien, Sonne schien,
Sprang das Licht hinterher,
Mit hundert zitternden Zehen hinterher.
Als die erste Welle kam,
Wollte die Rose, meine Rose, ertrinken.
Als die zweite sie sanft auf ihre Schultern nahm,
Musste das Licht, das Licht ihr zu Füßen sinken.
Da fasste die dritte sie am Saum,
Und das Licht sprang hoch, zitternd hoch, wie zur Wehr;
Aber hundert tanzende Blütenblätter
Wiegten sich rot, rot, rot um mich her,
Und es tanzte mein Boot,
Und mein Schatten auf dem Schaum,
Und das grüne Meer, das Meer – –

BERTOLT BRECHT

Ach, wie sollen wir die kleine Rose buchen?

Ach, wie sollen wir die kleine Rose buchen?
Plötzlich dunkelrot und jung und nah?
Ach, wir kamen nicht, sie zu besuchen
Aber als wir kamen, war sie da.
Eh sie da war, ward sie nicht erwartet.
Als sie da war, ward sie kaum geglaubt.
Ach, zum Ziele kam, was nie gestartet.
Aber war es so nicht überhaupt?

PAUL SCHEERBART

Die Roseninsel

Unter einem dunkelblauen Himmel schwamm eine Insel, die von oben bis unten mit Rosen bedeckt war – mit weißen, gelben und roten.

Das war die köstliche Roseninsel!

Wege gab's auf der Insel nicht, denn es wohnte da Niemand; die Rosen blühten und dufteten überall, daß die ganze Insel wie ein schwimmender Rosenstrauß aussah. Aber dieser Strauß war nicht glücklich – denn das Meer, in dem er schwamm, war pechrabenschwarze Tinte.

Und wenn's windig wurde, spritzte die pechrabenschwarze Tinte hoch auf, so daß die meisten Rosen schwarz gesprenkelt wurden. Das machte die Rosen recht häßlich, und die Häßlichkeit machte die eitlen Blumen unglücklich.

Es war den Rosen ganz unerträglich, daß Niemand nahte, um sie zu bewundern.

Indessen – eines Tages segelte ein buckliger Zwerg auf einem Silberschiff übers große Meer – und kam dabei auch in die Tinte – wie schon Manche vor ihm.

Während aber die Andern immer möglichst schnell aus der Tinte wieder rauszukommen strebten und sich für die beklexte Roseninsel durchaus nicht begeistern konnten, fiel es dem buckligen Zwerge gar nicht ein, die Tinte für ein Übel anzusehen – ganz im Gegenteil!

Der Bucklige wollte nämlich ein Land entdecken, das anders ist als alle andern Länder und von allen Menschen seiner Absonderlichkeit wegen gemieden wird.

Nun – solch ein Land war eben die Roseninsel – das war die richtige Welt, die er suchte – die war ganz anders als die gewöhnliche Menschenwelt.

Und die Rosen gefielen dem Buckligen über alle Maßen. »Schwarzgefleckte Rosen! Wonnige Klexblumen!« rief der kleine Mann schwärmerisch aus, »kommt an mein edles Herz! Die Welt, die mit Tinte befleckt ist – die Welt ist allein mein wahres Heimatland – da sieht endlich mal Alles anders aus.«
Und die Rosen kicherten.
Aber der Bucklige landete, bahnte sich ein paar Wege bis in die Mitte der Insel und baute sich dort mit den Planken seines Silberschiffes einen kleinen Palast, allwo er lebte bis an sein seliges Ende.
Die Rosen waren glücklich.
Man kann sich eben auch in der Tinte wohl fühlen.
Der buckliche Zwerg fühlte sich jedenfalls in der Tinte außerordentlich wohl – nur da war er wirklich auf Rosen gebettet.
O du merkwürdige Rosenwelt!
O du sonderbare Tinte!
O du beneidenswerter Zwerg!

ANNA LOISA KARSCH

Als ein Dichter im Weinmonat ihr eine Rose gab

Die reife Traube hört ich jüngst zur Rose sprechen:
Wo kommst du her? wo willst du hin?
Sie sprach: Mich gab der Herbst. Ein Dichter soll mich brechen,
Für eine Dichterin.

EUGEN ROTH

Als sich die Rose erhob

Als sich die Rose erhob, die Bürde
Ihres Blühens und Duftens zu tragen
Mit Lust:
Hat sie, daß es der letzte sein würde
Von ihren Tagen,
Noch nichts gewußt.

Nur, daß sie glühnder noch werden müßte,
Reiner und seliger hingegeben
Dem Licht
Spürte sie – ach, daß zum Tode sich rüste
So wildes Leben,
Bedachte sie nicht …

Als dann am Abend mit Mühe der Stengel
Ihre hingeatmete Süße
Noch trug,
Hauchte sie, fallend dem kühlen Engel
Welk vor die Füße:
»War es genug?«

RAINER MARIA RILKE

Die Rose

(aus: Die Weise von Liebe und Tod des Cornets Christoph Rilke)

Wachtfeuer. Man sitzt rundumher und wartet. Wartet, daß einer singt. Aber man ist so müd. Das rote Licht ist schwer. Es liegt auf den staubigen Schuhn. Es kriecht bis an die Kniee, es schaut in die gefalteten Hände hinein. Es hat keine Flügel.
Die Gesichter sind dunkel. Dennoch leuchten eine Weile die Augen des kleinen Franzosen mit eigenem Licht. Er hat eine kleine Rose geküßt, und nun darf sie weiterwelken an seiner Brust. Der von Langenau hat es gesehen, weil er nicht schlafen kann. Er denkt: Ich habe keine Rose, keine.
Dann singt er. Und das ist ein altes trauriges Lied, das zu Hause die Mädchen auf den Feldern singen, im Herbst, wenn die Ernten zu Ende gehen.

Sagt der kleine Marquis: »Ihr seid sehr jung, Herr?«
Und der von Langenau, in Trauer halb und halb in Trotz: »Achtzehn.«
Dann schweigen sie.
Später fragt der Franzose: »Habt Ihr auch eine Braut daheim, Herr Junker?«
»Ihr?« gibt der von Langenau zurück.
»Sie ist blond wie Ihr.«
Und sie schweigen wieder, bis der Deutsche ruft: »Aber zum Teufel, warum sitzt Ihr denn dann im Sattel und reitet durch dieses giftige Land den türkischen Hunden entgegen?«
Der Marquis lächelt. »Um wiederzukehren.«

Und der von Langenau wird traurig. Er denkt an ein blondes Mädchen, mit dem er spielte. Wilde Spiele. Und er möchte nach Hause, für einen Augenblick nur, nur für so lange, als es braucht, um die Worte zu sagen: »Magdalena, – daß ich immer so war, verzeih!«
Wie – war? denkt der junge Herr. – Und sie sind weit.

Einmal, am Morgen, ist ein Reiter da, und dann ein zweiter, vier, zehn. Ganz in Eisen, groß. Dann tausend dahinter: Das Heer.
Man muß sich trennen.
»Kehrt glücklich heim, Herr Marquis. –«
»Die Maria schützt Euch, Herr Junker.«
Und sie können nicht voneinander. Sie sind Freunde auf einmal, Brüder. Haben einander mehr zu vertrauen; denn sie wissen schon so viel Einer vom Andern. Sie zögern. Und ist Hast und Hufschlag um sie. Da streift der Marquis den großen rechten Handschuh ab. Er holt die kleine Rose hervor, nimmt ihr ein Blatt. Als ob man eine Hostie bricht.
»Das wird Euch beschirmen. Lebt wohl.«
Der von Langenau staunt. Lange schaut er dem Franzosen nach. Dann schiebt er das fremde Blatt unter den Waffenrock. Und es treibt auf und ab auf den Wellen seines Herzens. Hornruf. Er reitet zum Heer, der Junker. Er lächelt traurig: ihn schützt eine fremde Frau.

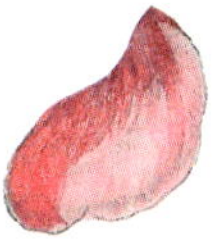

WILHELM ARENT

Weiße Rose

Ach ich glaube,
Daß voreinst mir,
Da ich Kind war,
Allererst sich
Was da schön sei,
Offenbart hat
In dem Duftbild
Weißer Rose.

Ach ich glaube,
Daß der Jüngling
Noch den Zauber
Alles Schönen
Nicht gelernt hat
Unterscheiden
Von dem Zauber
Weißer Rose.

Ach ich glaube –
Zwar der Herbst kam,
Und die Schwestern
Auf den Fluren
Welkten lang schon –
Weiter blühst du
Mir im Herzen,
Weiße Rose.

BETTINA VON ARNIM

Die Rose hab ich mit ins Bett genommen

Die Rose hab ich mit ins Bett genommen. – Was soll sie im Glas langsam welken – überall sollt man ein Heiligtum der Natur mit herumtragen, das frei macht vom Bösen; wer kann in Gegenwart einer Rose nicht mit edlen Gedanken erfüllt sein, ich hab's lieb, das Röschen, mit dem ich geschlafen hab – es war matt; nun hab ich's ins Wasser gestellt, es erholt sich. – Ich bin so dumm, ich schreib so einfältig Zeug – der arme Gärtner. –

RICHARD DEHMEL

Rose und Goldkäfer

Ich habe den Traum der Rose belauscht,
Der still, vom kühlen Duft umsprüht,
Aus ihrer Blumenseele glüht;
Ich hab' ihn mit allen Sinnen belauscht,
Bis ich berauscht.

Von Sonnenstrahl die Rose träumt,
Der sich tags ihr flammend ins Innerste wühlt,
Der im Mondlicht nachts sie weich umspült,
Der mit schaffender Macht das All durchschäumt;
Von ihm sie träumt.

Doch von dem Goldkäfer weiß sie nicht,
Der still zum stillen Glutkelch klimmt,
In dem die Sehnsucht zehrt und glimmt
Nach ihr, nach ihr. Sie achtet's nicht.
Sein Auge bricht.

Wem Mutter Natur
ein Gärtchen gibt und Rosen,
dem gibt sie auch
Raupen und Blattläuse,
damit er's verlernt,
sich über Kleinigkeiten zu entrüsten.

Wilhelm Busch

FRIEDRICH RÜCKERT

Zauberkreis

Was steht denn auf den hundert Blättern
Der Rose all?
Was sagt denn tausendfaches Schmettern
Der Nachtigall?

Auf allen Blättern steht, was stehet
Auf einem Blatt;
Aus jedem Lied weht, was gewehet
Im ersten hat:

Daß Schönheit in sich selb beschrieben
Hat einen Kreis,
Und keinen andern auch das Lieben
Zu finden weiß.

Drum kreist um sich mit hundert Blättern
Die Rose all,
Und um sie tausendfaches Schmettern
Der Nachtigall.

DETLEV VON LILIENCRON

Durchs Telephon

Die Rose, die du mir heut morgen zum Abschied
In unserm Garten brachst
Und ins Knopfloch stecktest,
Damit ich im Gebrüll des Tages
Immer an dich erinnert sei,
Hat eine sonderbare Verwendung gefunden:
Ein Zufall führte mich
An den Sarg eines armen Knaben.
Weil der Sarg ohne jeden Schmuck war,
Legte ich deine frische Rose
Auf die welken Hände des Bettlerkindes.

Ob nun beiden, ihm und der Rose,
Noch einmal ein neues Leben erblühn wird?
Vielleicht, dass Engel seiner schon harren,
Um ihm die Arme entgegen zu breiten,
Weil er entschwebte mit deiner Rose,
Die deine Liebe mir gebrochen hat.

Schluss!

CLEMENS BRENTANO

Das Märchen von Rosenblättchen

Der Herzog von Rosmital hatte eine sehr schöne Schwester, die er über alles liebte und der er alles zu Gefallen tat. Sie hatte eine außerordentliche Liebe zu Blumen, besonders zu Rosen, und ihr Bruder verwandelte deswegen beinahe sein ganzes Land in einen einzigen Rosengarten; außerdem hatte sie noch eine andere Leidenschaft, und das war, ihre schönen Haare immer zu flechten und zu kämmen, und sie hatte zu diesem Zweck eine Menge Kammerfräulein, welche eigentlich Kammfräulein hießen und goldene Kämme anhängen hatten. Ihre ganze Beschäftigung war, sich kämmen zu lassen und dann mit den Kammfräulein im Garten herumzuspringen, bis ihre Haare wieder in Unordnung waren und sie sich von neuem kämmen ließ.

Als sie einst morgens unter den Händen ihrer sechs Kammfräulein im Garten saß, welche ihr sechs Zöpfe flochten, trat ihr Bruder, der Herzog von Rosmital, vor sie und führte ihr an der Hand den Prinzen Immerundewig zu und redete sie also an: »Liebe Schwester! ich habe dir schon oft von meinem vertrautesten Freund, dem Prinzen Immerundewig, erzählt, und du weißt, daß ich von jeher wünschte, du möchtest dich mit ihm vermählen, damit er immer und ewig bei mir bliebe! Hier stelle ich ihn dir vor und bitte dich, ihm dein Herz zu schenken.«

In diesem Augenblick raufte eines der Kammfräulein die Prinzessin Rosalina, worüber sie sehr ungeduldig wurde und gegen sie ausrief: »Du raufst mich immer und ewig!« Das Kammfräulein entschuldigte sich fein, indem es sagte: »Ja, Prinzessin, der Prinz Immerundewig raufte Euch, denn sein Auftreten hat mich zerstreut.« Der Prinz begann sich schon zu entschuldigen, als wieder eine andere sie raufte, so daß Rosalina ganz aus der Fassung kam und dem armen Immerundewig sagte: »Mein verehrter Prinz und mein geliebter Bruder! ich erkläre, daß ich mich ebenso wenig als ein Rosenstock mit einem Kürbis mit dem Prinzen Immerundewig vermählen werde!« Und nach diesen Worten lief sie weg und die zopfflechtenden Kammfräulein ihr nach.

Der Herzog konnte seinem Freunde keinen Trost geben: »Denn«, sagte er, »ihre Worte sind unverbrüchlich«. – »Sind sie das«, sagte Immerundewig, »so will ich mein Heil versuchen«, umarmte dann den Herzog und reiste ab zu seiner Muhme, der Frau Nimmermehr, welche eine große Zauberkünstlerin war, und erholte sich Rats bei ihr.

Mehrere Wochen nachher spazierte einst Rosalina im Garten umher, da sah sie eine alte Frau, die einen Rosenstock nach dem andern betrachtete und bei jedem den Kopf schüttelte. Rosalina ging zu ihr und fragte sie, warum sie immer den Kopf schüttelte. »Weil bei allen den Rosen doch die schönste fehlt«, sagte die Alte, »nämlich die immer und ewig blühende Monatsrose.« – »Wer hat sie?« fragte Rosalina, »ich muß sie haben um jeden Preis.« – »Nun, nun«, sagte die Alte, »um ein gutes Wort steht sie Euch zu Diensten«, und zog den Deckel von ihrem Handkorb und zeigte der Prinzessin einen Kürbis, in welchen sie das blühende Rosenreischen gesteckt hatte, damit es frisch bleiben möge.

Rosalina war in der größten Freude über das Rosenstöckchen, und als sie die Alte fragte, was sie dafür verlange, sagte diese: »Zwei Dinge: erstens, daß du mein Gast seist bei meinem Mittagbrot, und zweitens, daß du alle Monate, so oft dir das Rosenstöckchen eine Rose bringt, mit deinen Kammfräulein ein Fest begehst, wobei ihr alle über das Rosenstöckchen wegspringt, ohne daß ihr ein Rosenblättchen mit euern Kleidern abstreift, damit keines an die Erde fällt; und bei welcher eines an die Erde fällt, die muß ein paar tüchtige Hiebe mit Rosenzweigen auf die Hände bekommen, welche ihnen der Rosenstock schon geben wird, so sie zu ihm sprechen:

Röslein, Röslein,
Triff mich fein!
Triff mich mit der Rut!
Weil ich sprang nicht gut;
Triff mich mit der Rute recht!
Röslein! weil ich sprang so schlecht.«

Die Prinzessin lachte hierüber und willigte in alles ein. Da nahm die Alte einen hölzernen Löffel aus der Tasche, trennte den Kürbis damit in zwei Teile und nahm einen Löffel voll von seinen Kernen, den sie der Prinzessin zum Essen vorhielt. Diese machte anfangs einen schiefen Mund, als sie es aber einmal versucht hatte, schmeckte es ihr vortrefflich, und sie aß ziemlich viel von den Kernen. Hierauf pflanzte die Alte den Rosenstock unter ihr Fenster, und weil er bereits ein volles Röschen trug, sagte sie: »Prinzessin Rosalina! rufet Eure Kammfräulein und beginnet das erste Fest vom Rosensprung.«
Da ging Rosalina und erzählte alles ihrem Bruder, dem Herzog; der bestellte Pauker und Trompeter und richtete das ganze Fest zu. Als Rosalina und ihre Kammfräulein erschienen waren, losten sie, wer zuerst springen sollte, und es traf sich, daß Rosalina die allerletzte war. Manches Fräulein sprang glücklich hinüber, aber alle jene, welche die Prinzessin gerauft hatten, da der Prinz Immerundewig um ihre Hand bat, streiften mit ihren langen Schleppen ein paar Blätter von der Rose ab und mußten ihre Hände mit den Worten:

Röslein, Röslein,
Triff mich fein!
Triff mich mit der Rut!
Weil ich sprang nicht gut;
Triff mich mit der Rute recht!
Röslein! weil ich sprang so schlecht.

dem Rosenstock darbieten, welcher ihnen zur Bewunderung aller Anwesenden mit seinen Zweigen ein paar so tüchtige Hiebe über die Finger gab, daß ihnen das Wasser in die Augen kam.
Als nun die Reihe zum Sprung an Rosalinen kam, nahm sie einen tüchtigen Anlauf und wäre auch glücklich hinübergekommen, wenn sich ihr im Sprunge nicht die Haarflechten aufgelöst hätten, die ein Blättchen von der Rose abschlugen, welches sie aber im Sprung, ehe es zur Erde fiel, erhaschte und verschluckte, so daß ihr von der ganzen Gesellschaft Beifall zugeklatscht wurde.
Hierauf ward noch lustig geschmaust und getanzt, und als gegen das Ende der Tafel allerlei Gesundheiten getrunken wurden, hob die alte Frau ihr Glas in die Höhe und sprach zu Rosalinen:

Weil Kürbiskern und Rosenblatt
Dein roter Mund gegessen hat,
Weil Ros und Kürbis sich verband,
Verlierst du deine stolze Hand
An meinen Freund, den Immerundewig;
Leb wohl! im Abendschimmer entschweb ich.

So sprach sie, und vor den Augen aller verschwand sie plötzlich. Rosalina aber, auf welche alle Augen gerichtet, tat einen lauten Schrei und fiel in Ohnmacht. Man brachte sie nach ihrer Stube, und sie bedachte mit vieler Angst, daß sie dem Prinzen gesagt, sie wolle ihn nehmen, wenn Rose und Kürbis sich vermählten.
In der Nacht hatte sie sehr wunderbare Träume: es war ihr immer, als wüchsen ihr Rosen aus dem Munde, und sie hatte Magenweh. Diese Träume hatte sie oft, und immer ängstlicher.

Als der kleine Monatsrosenstock wieder eine Rose brachte und sie wieder hinübersprang, war sie ganz melancholisch und krank; Essen und Trinken schmeckten ihr nicht mehr.
Bei dem dritten Rosenfest hatte sie geträumt, sie würde ein Kürbis, und ihr Bruder mußte ihr das mit vieler Mühe ausreden. Aber gegen das vierte Rosenfest setzte sie sich den Gedanken noch viel fester in den Kopf, daß sie ein Kürbis sei, und wollte deswegen auf keine Weise mehr über den Rosenstock springen. Bei dem fünften Rosenfest war sie nicht mehr aus der Stube zu bringen und weinte den ganzen Tag darüber, daß sie ein Kürbis geworden sei.
Der Herzog war sehr betrübt über ihre Einbildung und versammelte alle Ärzte um sie: aber es war ihr nicht mehr auszureden. Das sechste Rosenfest kam, da war der Rosenstock schon so groß geworden, daß an kein Springen mehr zu denken war, und besonders, weil sie den ganzen Tag trauerte, daß sie ein Kürbis sei. Am siebenten Rosenfest guckte der Rosenstock ihr ins Fenster; am achten wuchsen seine Zweige schon um ihr Bett, und am neunten breitete er eine ganze Rosenlaube über sie.

Da träumte sie so lebendig, sie sei ein Kürbis und müsse sterben, daß sie ihren Bruder zu sich rufen ließ, der mit Licht hereintrat. Aber wie groß war ihr Erstaunen, als sie morgens neben ihrem Lager einen halben großen goldenen Kürbis stehen sah, in welchem, wie in einer Wiege, ein schönes kleines Mägdlein schlummerte. Da war die Prinzessin sehr gerührt und sagte: »Ach! wenn der gute Prinz Immerund-

ewig da wäre, ich wollte gern seine Gemahlin werden!« Da rauschten die Rosen um sie, und sie hörte eine Stimme:

Als Rose starb ich, als Rose leb ich,
Rose bin ich nun Immerundewig.

Da ward die Prinzessin sehr betrübt, denn sie hörte wohl, daß der gute Prinz ihr zulieb ein Rosenstock geworden war, und sie gab dem Mägdlein den Namen Rosenblättchen und trug es mit seinem Bettchen in ihre geheimste Kammer, wo sie es erziehen wollte; denn sie hatte es so lieb, daß sie keinem Menschen es zu sehen gönnte.
Rosalina, welche bald wieder ganz lustig geworden war, saß am folgenden Tage im Bett und ließ sich von ihren Kammerfräulein ihre Haare, die sie sonst in einen Kranz geflochten getragen hatte, auf eine andere Weise flechten; denn sie wollte nun eine goldene Haube aufsetzen. Sie hatte kaum begonnen, als es an ihrer Türe pochte und man ihr sagte, die Alte, welche den Kürbis und den Rosenstock gebracht, sei drauß und wolle das Rosenblättchen sehen. Sie ließ ihr aber sagen, sie solle warten, bis sie gekämmt sei. Nach einer Viertelstunde pochte die Alte wieder und erhielt dieselbe Antwort, und das noch fünfmal. Da ward die Alte bei dem siebenten Mal sehr zornig und rief ihr durch das Schlüsselloch hinein:

Sieben Viertelstund hab ich geharrt,
Sieben Viertelstund ward ich genarrt;
So kämme denn noch sieben Jahr,
Dann bringt dein Kamm dich in Gefahr,
Du kämmst dich dann in große Not
Und kämmst das Rosenblättchen tot.

So sagte die Alte im Zorn und verschwand. Rosalina achtete wenig hierauf und dachte an nichts als an ihr Rosenblättchen, welches

täglich größer und freundlicher ward und wie seine Mutter besonders schöne lange Haare hatte; und diese zu kämmen, war Rosalinens höchste Kunst, wenn sie sich allein mit dem Rosenblättchen eingesperrt hatte.
Nun war das Kind beinahe schon sieben Jahre alt geworden, und die Zeit nahte sich, wo der Unglückswunsch des alten Zauberweibes:

Du kämmst dich dann in große Not
Und kämmst das Rosenblättchen tot,

wahr werden sollte; aber Rosalina dachte nicht daran und kämmte das Rosenblättchen nach wie vor.
Als sie nun einstens das Mägdlein zwischen ihren Knieen hatte und ihm den spitzigen goldnen Kamm durch die langen goldnen Locken zog, fühlte sie auf einmal einen großen Neid in sich erwachen, weil das Kind viel schönere Haare hatte als sie, und sagte ungeduldig:

Ach! hättest du einen kahlen Kopf,
Und ich hätte all deine Haare im Zopf!

Kaum aber hatte sie dieses gesagt, als sie vom Himmel gestraft wurde; denn eine unsichtbare Schere kam über sie her und ritsch ritsch schnitt sie ihr alle Haare vom Kopf herab, worüber sie so zusammen-

fuhr, daß sie mit der Hand zuckte und dem armen Rosenblättchen den spitzen Kamm so tief in das Häuptlein stieß, daß es mit einem Schrei tot zu ihren Füßen sank. – Da fiel der unglücklichen Rosalina der Zauberfluch der alten Frau ein; aber es war zu spät. Ihr geliebtes Rosenblättchen lag tot an der Erde, und ihre schönen langen Haare, die sie so lange und mit so vieler Eitelkeit hatte kämmen lassen, lagen abgeschnitten umher, und sie rang ihre Hände verzweiflungsvoll über ihrem kahlen Kopf.

Nachdem sie lange geweint hatte, stopfte sie ein Bettchen mit ihren langen Haaren und ein Kopfkissen mit Rosenblättern, und legte das tote Rosenblättchen darauf mit gefalteten Händen in einen Kasten von Kristallglas, und ließ noch sechs andere Kasten von Kristall darüber machen und verschloß sie in der Kammer, wovon niemand etwas wußte als eine vertraute Dienerin.

So lebte sie noch einige Jahre in beständiger Trauer. Der Rosenstock verdorrte auch in der Stube, und als sie fühlte, daß die Stunde ihres Todes herannahte, ließ sie ihren Bruder, den Herzog von Rosmital, zu sich kommen und sagte: »Geliebter Bruder! das Ziel meines Lebens ist gekommen; ich wollte, ich wäre nicht so eigensinnig und eitel gewesen; aber jetzt ist es zu spät; ich bitte Gott, er möge sich meiner erbarmen. Alles, was ich besessen habe, gehört nun dein; aber eines schwöre mir zu, damit ich ruhig sterben kann.«

Der Herzog schwur ihr unter Tränen, alles zu tun, was sie verlange; denn er liebte sie über alles.

Nun gab sie ihm einen Schlüssel und sagte: »Dieses ist der Schlüssel zu der letzten Kammer meiner Wohnung; bewahre ihn getreu und öffne diese Kammer niemals.« Der Bruder beteuerte nochmals, sein Versprechen zu halten, und da sagte Rosalina: »Lebe wohl und bete für mich«; dann wendete sie sich um und war tot; worauf sie der Herzog mit großem Gepränge bei dem Monatsrosenstock begraben ließ.

Einige Monate nachher vermählte sich der Herzog mit einer schönen, aber nicht gutmütigen Dame, und als er einstens eine kleine

Reise machen mußte, bat er seine Gemahlin, das Haus wohl in Ordnung zu halten und um alles in der Welt die letzte Kammer, deren Schlüssel er in seinem Schreibtische verwahrt habe, nicht zu öffnen.
Sie versprach alles; aber kaum hatte er den Rücken gewendet, als sie, von der Neugierde getrieben, den Schlüssel nahm und sich die verbotene Kammer öffnete. Wie groß war aber ihr Zorn, da sie durch die gläsernen Kasten Rosenblättchen auf der Matratze liegen sah, die, seit sie hier von ihrer Mutter als tot war eingeschlossen worden, mitsamt den gläsernen Kasten gewachsen war und wie ein schönes schlummerndes Fräulein von vierzehn Jahren aussah; denn das alte Zauberweib hatte sie die langen Jahre hindurch im Schlafe lebend erhalten.
Die böse Herzogin riß die Kasten zornig auf und sprach: »Ha! ha! drum soll ich nicht in die Kammer, damit die Jungfer ruhig schlafen kann; aber wart! ich will das Murmeltierchen wecken!« Und nun riß sie Rosenblättchen bei den Haaren auf, so daß der Kamm, welcher noch von damals ihr im Kopf stak, herabfiel und das arme Mägdlein aus ihrem Zauberschlaf erwachte mit dem Geschrei: »Ach Mutter! liebe Mutter! wie hast du mir weh getan!«
»Ich will dich muttern und vatern«, sagte die Herzogin, »daß du dein Lebtag dran denken sollst!« und riß das zitternde und weinende Rosenblättchen aus dem Kristallkasten und schlug und mißhandelte sie auf alle Weise mit der Drohung, wenn sie ein Wort gegen irgend einen Menschen redete, was ihr hier geschehen sei, solle sie ins Wasser geworfen werden. Dann schnitt sie ihr die schönen langen Haare ab, machte ihr ein kurzes Kleid von Sackleinwand, ließ sie Holz und Wasser tragen, Öfen heizen und Stuben scheuern und gab ihr täglich so viele Nasenstüber, Kopfnüsse,

Ohrfeigen und Maulschellen, daß das arme Rosenblättchen so braun und blau im Gesicht aussah, als ob sie Heidelbeeren gegessen hätte.
Als der Herzog von Rosmital zurückkam und die Herzogin fragte, wer das arme Mädchen sei, das er täglich so gewaltig von ihr mißhandelt sehe, sagte sie: »Es ist eine Sklavin, welche mir meine Muhme zugesendet; aber sie ist so boshaft und so dumm und faul, daß ich sie unaufhörlich strafen muß.«
Nach einiger Zeit reiste der Herzog auf einen großen Jahrmarkt und ließ nach seiner Gewohnheit alles, was im Schlosse lebte, bis auf die Katzen und Hunde vor sich rufen, um jeden zu fragen, was er ihm vom Jahrmarkte zum Geschenke mitbringen sollte, da denn der eine dieses, der andere jenes begehrte; als endlich auch das arme Rosenblättchen in seinem groben Sklavenkittel hervortrat und der Herzog sie eben anreden wollte, unterbrach ihn seine böse Gemahlin mit den Worten: »Muß der Schmutzkittel auch überall dabei sein? Sollen wir alle mit der faulen groben Sklavin über einen Kamm geschoren werden? Fort mit dem widerwärtigen Tölpel! Ich weiß nicht, wie du ein so niedriges Wesen solcher Auszeichnung würdigen magst!« Da liefen dem armen Rosenblättchen vor Kummer die Tränen über die Wangen herab, und der Herzog, der sehr gütig und mitleidig war, sagte gerührt zu ihr: »Weine nicht, du armes Kind! sondern sage mir von Herzen, was ich dir mitbringen soll, denn niemand soll mich hindern, dir eine Freude zu machen.«
Da sagte Rosenblättchen: »Herzog! bringe mir eine Puppe mit und ein Messerchen und einen Schleifstein, und so du dieses vergißt, so wünsche ich, daß du nicht über den ersten Fluß, der dir in den Weg kömmt, herübergelangen könnest.«
Der Herzog reiste nun nach dem Jahrmarkt und kaufte alles ein, nur die Puppe, das Messerchen und den Schleifstein für Rosenblättchen vergaß er.
Da er nun auf der Rückreise an einen Fluß kam, entstand ein solcher Sturm in den Wellen, daß kein Schiffer es wagte, ihn überzu-

fahren; da fiel ihm die Verwünschung Rosenblättchens ein. Er kehrte daher gleich zurück und kaufte alles, was sie bestellt hatte, und gelangte dann glücklich nach seinem Schloß, wo er alle Geschenke richtig austeilte.

Da Rosenblättchen ihre Geschenke erhalten hatte, trug sie alles in die Küche, stellte die Puppe auf den Herd, setzte sich vor sie hin und weinte bitterlich, und begann ihr, gerade als ob sie eine lebendige Person wäre, alle ihre Leiden und Qualen, die sie von der Herzogin erdulden mußte, nach der Reihe vorzuerzählen, und sagte immer dazwischen: »Nicht wahr? Verstehst du? Hörst du? Gelt, das ist betrübt! Nun, was sagst du dazu?« Als aber die Puppe nicht antworten wollte, nahm Rosenblättchen ihr Messerchen und wetzte es auf ihrem Schleifstein und sagte: »Puppe! wenn du mir nicht antworten willst, so steche ich mir das Messerchen ins Herz, denn ich habe keinen Freund auf Erden als dich.«

Da schwoll die Puppe nach und nach an wie ein Dudelsack, wenn man ihn aufbläst, und schnurrte endlich: »Versteh dich schon, versteh dich schon; versteh, versteh, versteh dich schon viel besser als ein Tauber.«

Da nun diese Musik der Puppe und das Klagen Rosenblättchens vor ihr mehrere Tage hintereinander von dem Herzog gehört wurden, der eine Stube dicht neben der Küche hatte, machte er sich ein Loch in die Türe, wo er sehen und hören konnte, wie Rosenblättchen weinend vor der Puppe saß und ihr erzählte: vom Prinzen Immerundewig, von den Kürbiskernen, vom Rosensprung, vom Rosenblatt, von dem Goldkürbis, worin sie gelegen, vom Kämmen der Mutter, von der

Verwünschung des Zauberweibs, vom Einstoßen des Kamms in den Kopf, von ihrem Zauberschlaf, vom Liegen in den sieben Glaskasten, vom Schlüsselgeben an den Herzog und den Verbot, die Kammer nicht zu öffnen, vom Tod der Prinzessin Rosalina, von der Reise des Herzogs, von der Neugierde der Herzogin, von der Öffnung der Kammer, dem Herausreißen des Kamms, dem Haarabschneiden und der argen Mißhandlung, die sie stündlich ertragen müsse; dann sagte sie wieder: »Antworte, oder ich bringe mich um!« und setzte das Messer an ihr Herz.

Aber der Herzog sprang zur Türe herein und riß es ihr aus der Hand, umarmte sie zärtlich als seine Schwestertochter und brachte sie aus dem Schlosse zu der Gemahlin seines Ministers, wo sie herrlich gekleidet und gepflegt ward.

Da sie sich nach einigen Monaten wieder recht erholt hatte von den Qualen und schweren Arbeiten, welche ihr die böse Herzogin auferlegt hatte, ließ er eine prächtige Mahlzeit in seinem Schlosse anstellen, bei welcher er Rosenblättchen, die niemand mehr in ihrem Glanze erkannte, als seine Nichte mit erscheinen ließ. Nach Tisch wurde ein Zuckerhaus aufgetragen, und jedermann hätte gern gewußt, wer drin saß. Da sagte der Herzog zur Herzogin: »Wollt Ihr wohl das Zuckerhaus öffnen?« und sie tat es; da lag die kleine Puppe drin in sieben Glaskästchen, wie Rosenblättchen gelegen hatte, und die Herzogin erschrak sehr und schlug vor Zorn die Glaskästchen entzwei und riß die Puppe heraus; aber die lief ihr weg und setzte sich auf Rosenblättchens Schulter und blies sich dick, dick auf wie ein Dudelsack, und erzählte der Herzogin alle ihre Grausamkeiten ins Gesicht und ward immer größer und größer und stand endlich wieder als das alte Zauberweib auf dem Tisch, welches oft in dieser Geschichte vorkommt, und flog zum Fenster hinaus.

Da ließ der Herzog seine böse Frau in eine Kutsche setzen und sie wieder zu ihren Eltern hinfahren, wo er sie einst hergeholt hatte.

Das Rosenblättchen aber ward die Gemahlin eines vornehmen Prinzen und erhielt das ganze Herzogtum Rosmital zum Braut-

schatz, und da blühte der Rosenstock Immerundewig wieder auf. Und als Rosenblättchen einstens nachts den süßen Duft roch, trat sie mit ihrem Gemahl an das Fenster und sah ihre Mutter und die Kammfräulein über den Rosenstock springen, und der Prinz Immerundewig war auch dabei. »Ach!« rief sie aus, »liebste Eltern! Gott segne euch!« Da riefen die von unten wieder herauf: »Ach! liebste Kinder! Gott segne euch!« und verschwanden in der Luft.
Da wurde Rosenblättchen sehr still und fromm und ließ sich eine Wiege machen wie einen goldenen Kürbis, und da bescherte ihr der Himmel einen kleinen Prinzen hinein, und der hat mir alles dieses für einen einzigen Pfefferkuchen erzählt.

GUSTAV FALKE

Späte Rosen

Jahrelang sehnten wir uns,
Einen Garten unser zu nennen,
Darin eine kühle Laube steht
Und rote Rosen brennen.

Nun steht das Gärtchen im ersten Grün,
Die Laube in dichten Reben,
Und die erste Rose will
Uns all ihre Schönheit geben.

Wie sind nun deine Wangen so blaß,
Und so müde deine Hände.
Wenn ich nun aus den Rosen dir
Ein rotes Kränzlein bände

Und setzte es auf dein schwarzes Haar,
Wie sollt ich es ertragen,
Wenn unter den leuchtenden Rosen hervor
Zwei stille Augen klagen.

HEINRICH HEINE

Die Rose duftet

Die Rose duftet – doch ob sie empfindet
Das, was sie duftet, ob die Nachtigall
Selbst fühlt, was sich durch unsre Seele windet
Bei ihres Liedes süßem Widerhall; –

Ich weiß es nicht. Doch macht uns gar verdrießlich
Die Wahrheit oft! Und Ros' und Nachtigall,
Erlögen sie auch das Gefühl, ersprießlich
Wär solche Lüge, wie in manchem Fall –

OSCAR WILDE

Die Nachtigall und die Rose

»Sie sagte, sie würde mit mir tanzen, wenn ich ihr rote Rosen brächte«, rief der junge Student, »aber in meinem ganzen Garten befindet sich nicht eine einzige rote Rose.«

Die Nachtigall in ihrem Nest in der Steineiche hörte ihn, und sie schaute durch die Blätter und wunderte sich.

»Keine einzige rote Rose in meinem ganzen Garten!«, rief er, und seine schönen Augen füllten sich mit Tränen. »Ach, von welchen Kleinigkeiten doch zuweilen das Glück abhängt! Ich habe alles gelesen, was die weisen Männer geschrieben haben, und alle Geheimnisse der Philosophie sind mir offenbar, doch weil ich keine rote Rose habe, ist mein Leben ruiniert.«

»Hier endlich ist ein wahrer Liebender«, sagte die Nachtigall. »Jede Nacht habe ich von ihm gesungen, obwohl ich ihn nicht kannte. Nacht für Nacht habe ich seine Geschichte den Sternen erzählt und nun sehe ich ihn vor mir. Sein Haar ist dunkel wie die Hyazinthenblüte, und seine Lippen sind rot wie die Rose seines Begehrens. Aber Leidenschaft gab seinem Gesicht die Farbe bleichen Elfenbeins und die Sorge setzte ihr Siegel auf seine Brauen.«
»Der Prinz gibt morgen Abend einen Ball«, murmelte der junge Student, »und meine Liebste wird dort sein. Wenn ich ihr eine rote Rose bringe, wird sie mit mir tanzen bis zum Morgengrauen. Wenn ich ihr eine rote Rose bringe, werde ich sie in meinen Armen halten, und sie wird ihren Kopf auf meine Schulter legen und ihre Hand in meine. Aber es gibt keine rote Rose in meinem Garten, und so werde ich einsam dasitzen, und sie wird an mir vorbeigehen. Sie wird sich nicht um mich kümmern, und mein Herz wird brechen.«
»Das ist wirklich der wahre Liebende«, sagte die Nachtigall. »Was ich besinge, erleidet er. Was mir Freude ist, ist Schmerz für ihn. Liebe ist wirklich eine wundervolle Sache. Liebe ist kostbarer als Smaragde und wertvoller als feinste Opale. Mit Perlen und Granatäpfeln kann man sie nicht kaufen und sie ist auf dem Markt nicht zu haben. Sie kann von Händlern nicht erworben und auf der Goldwaage nicht gewogen werden.«
»Die Musiker werden in ihrer Galerie sitzen«, sagte der junge Student, »und auf ihren Instrumenten spielen. Meine Liebste wird tanzen zum Ton der Harfe und der Violine. Sie wird so leicht tanzen, dass ihre Füße nicht den Boden berühren, und die Hofleute in

den farbenfrohen Kleidern werden sich um sie drängen. Aber mit mir wird sie nicht tanzen, denn ich habe keine rote Rose, die ich ihr geben könnte«, und er warf sich ins Gras, vergrub sein Gesicht in den Händen und weinte.

»Warum weint er denn?«, fragte eine kleine Eidechse, die mit dem Schwanz in der Luft vorüber rannte.

»Ja warum denn?«, sagte ein Schmetterling, der hinter einem Sonnenstrahl her flatterte.

»Ja warum denn?«, flüsterte ein Gänseblümchen zu seinem Nachbarn in weichem, tiefem Ton.

»Er weint um eine rote Rose!«, sagte die Nachtigall.

»Um eine rote Rose?«, riefen alle, »wie ganz und gar lächerlich!« Und die kleine Eidechse, die ein bisschen zynisch veranlagt war, lachte lauthals.

Aber die Nachtigall verstand das Geheimnis seines Kummers, und sie saß schweigend in ihrem Baum und dachte über das Geheimnis der Liebe nach.

Plötzlich breitete sie ihre braunen Flügel aus und erhob sich in die Luft.

Sie flog wie ein Schatten durch den Hain und wie ein Schatten segelte sie durch den Garten.

In der Mitte des Rasens stand ein schöner Rosenstrauch, und als sie ihn erblickte, flog sie hin und setzte sich auf einen Zweig.

»Wenn du mir eine rote Rose gibst«, sagte sie, »will ich dir mein süßestes Lied singen.«

Aber der Strauch schüttelte den Kopf. »Meine Rosen sind weiß, weiß wie Meeresschaum und weißer als der Schnee auf den Bergen. Aber geh zu meinem Bruder, der um die alte Sonnenuhr wächst, vielleicht wird er dir geben, was du dir wünschst.«

So flog die Nachtigall zum Rosenstrauch, der um die alte Sonnenuhr wuchs.

»Wenn du mir eine rote Rose gibst«, sagte sie, »will ich dir mein süßestes Lied singen.«

Aber der Strauch schüttelte den Kopf. »Meine Rosen sind gelb«, antwortete er, »so gelb wie das Haar der Meerjungfrau, die auf einem Bernsteinthron sitzt, und gelber als die Narzissen, die auf den Wiesen blühen, bevor der Schnitter kommt mit seiner Sense. Aber geh zu meinem Bruder, der unter dem Fenster des Studenten wächst, vielleicht wird er dir geben, was du dir wünscht.«
So flog die Nachtigall zum Rosenstrauch, der unter dem Fenster des Studenten wuchs.
»Wenn du mir eine rote Rose gibst«, sagte sie, »will ich dir mein süßestes Lied singen.«
Aber der Strauch schüttelte den Kopf. »Meine Rosen sind rot«, sagte er, »so rot, wie die Füße der Taube und röter als die korallenen Fächer, die immerzu in den Meereshöhlen winken. Aber der Winter hat meine Adern erfroren, und der Frost hat meine Knospen geknickt, und der Sturm hat meine Zweige gebrochen, und so werde ich das ganze Jahr über keine Rosen tragen.«
»Eine rote Rose ist alles, was ich haben will«, rief die Nachtigall. »Nur eine einzige rote Rose! Gibt es denn keinen Weg, wie ich sie erlangen kann?«
»Es gibt einen Weg«, antwortete der Rosenstrauch, »aber er ist so schrecklich, dass ich nicht wage, ihn dir zu sagen.«
»Sag ihn mir«, sagte die Nachtigall, »ich fürchte mich nicht.«
»Wenn du eine rote Rose haben willst«, sagte der Strauch, »dann musst du sie aus Tönen im Licht des Mondes formen und mit deinem Herzblut färben. Du musst für mich singen und deine Brust gegen einen Dorn drücken. Die ganze Nacht musst du singen, und der Dorn muss dein Herz durchbohren. Und dein Lebensblut muss in meine Adern fließen und mein werden.«
»Sterben ist ein hoher Preis für eine rote Rose«, rief die Nachtigall, »und das Leben ist allen teuer. Es ist so schön, im grünen Walde zu sitzen und die Sonne in ihrem Wagen aus Gold zu sehen und den Mond in seiner Kutsche aus Perlen. Süß ist der Duft des Weißdorns, und süß sind die Glockenblumen, die sich im Tal verstecken, und

die Heide, die auf dem Hügel blüht. Aber Liebe ist mehr als Leben, und was ist das Herz eines Vogels im Vergleich zum Herzen eines Menschen?«

So breitete sie die braunen Flügel aus und erhob sich in die Luft. Sie flog wie ein Schatten durch den Hain und wie ein Schatten segelte sie durch den Garten

Der junge Student lag noch immer im Gras, wo sie ihn verlassen hatte und die Tränen in seinen schönen Augen waren noch nicht getrocknet.

»Werde glücklich«, rief die Nachtigall, »du sollst deine rote Rose haben. Ich will sie aus Tönen im Licht des Mondes formen und mit meinem Herzblut färben. Alles, was ich von dir als Gegenleistung erbitte, ist, dass du ein wahrer und treuer Liebender bist, denn die Liebe ist weiser als Philosophie, so weise diese auch sein mag, und mächtiger als Herrschaft, so mächtig diese sein mag. Flammenfarben sind ihre Flügel und gefärbt wie die Flamme ist ihr Leib. Ihre Lippen sind süß wie Honig und ihr Atem gleicht Weihrauch.«

Der Student blickte auf vom Rasen und hörte zu, aber er konnte nicht verstehen, was die Nachtigall ihm sagte, denn er wusste nur die Dinge, die in Büchern geschrieben stehen.

Aber der Eichbaum verstand sie und wurde traurig, denn er liebte die kleine Nachtigall sehr, die ihr Nest in seinen Zweigen gebaut hatte.

»Sing mir ein letztes Lied«, flüsterte er. »Ich werde sehr einsam sein, wenn du nicht mehr hier bist.«

So sang die Nachtigall für den Eichbaum, und ihre Stimme war wie Wasser, das aus einem silbernen Krug sprudelt.

Als sie ihr Lied beendet hatte, stand der Student auf und zog ein Notizbuch und einen Bleistift aus der Tasche.
»Sie hat ganz unleugbar Technik«, sagte er zu sich, als er durch den Hain ging, »aber hat sie auch Gefühl? Ich fürchte nicht. Sie gleicht den meisten Künstlern: Sie ist ganz Stil ohne Aufrichtigkeit. Sie würde sich nicht für andere aufgeben. Sie denkt ausschließlich an ihre Musik und jedermann weiß, dass die Künste egoistisch sind. Aber man muss dennoch zugeben, dass sie einige schöne Töne in ihrer Stimme hat. Wie schade, dass sie keinen tieferen Sinn haben oder Gutes bewirken.« Und er ging in sein Zimmer, legte sich auf sein kleines Bett und begann, über seine Liebe nachzudenken, und nach einiger Zeit schlief er ein.
Und als der Mond am Himmel stand, flog die Nachtigall zum Rosenstrauch und drückte ihre Brust gegen den Dorn. Sie sang die ganze Nacht, die Brust gegen den Dorn gepresst, und der kühle, kristallene Mond neigte sich herab und lauschte. Die ganze Nacht sang sie, und der Dorn drang tiefer und tiefer in ihre Brust ein, und ihr Lebensblut floss aus ihr.
Sie sang vom Entstehen der Liebe im Herzen eines Jungen und eines Mädchens. Und an der Spitze des Rosenstrauchs erblühte eine herrliche Rose, Blatt für Blatt, wie Lied auf Lied folgte. Bleich war sie erst, wie der Nebel, der über dem Fluss hängt – bleich wie die Füße des Morgens und silbern wie die Flügel der Morgendämmerung. Wie das Schattenbild einer Rose in einem Silberspiegel, wie das Schattenbild einer Rose in einem Teich, war die Rose, die an der Spitze des Rosenstrauchs erblühte.
Der Strauch aber rief der Nachtigall zu, sie solle sich fester gegen den Dorn pressen.
»Drück fester, kleine Nachtigall«, rief er, »sonst bricht der Tag an, bevor die Rose vollendet ist.«
Und so drückte sich die Nachtigall fester gegen den Dorn, und lauter und lauter wurde ihr Lied, denn sie sang nun vom Erwachen der Leidenschaft in der Seele eines Mannes und eines Mädchens.

Und ein zartes Rosa kam in die Blätter der Rose, wie das Erröten im Antlitz des Bräutigams, wenn er die Lippen der Braut küsst. Aber der Dorn hatte das Herz noch nicht erreicht, und so blieb das Herz der Rose weiß, denn nur das Herzblut einer Nachtigall kann das Herz einer Rose rot färben.

Und der Strauch rief der Nachtigall zu, dass sie sich noch fester gegen den Dorn drücken solle.

»Drück fester, kleine Nachtigall«, rief er, »sonst bricht der Tag an, bevor die Rose vollendet ist.«

Und so drückte sich die Nachtigall fester gegen den Dorn, und der Dorn berührte ihr Herz, und ein heftiger Schmerz durchfuhr sie. Bitter, bitter war der Schmerz, und wilder und wilder wurde ihr Lied, denn sie sang von der Liebe, die vom Tod vollendet wird, von der Liebe, die im Grab nicht stirbt.

Und die wundervolle Rose färbte sich rot wie die Rose des östlichen Himmels. Rot war der Gürtel ihrer Blätter, und rot wie ein Rubin war ihr Herz. Aber die Stimme der Nachtigall wurde schwächer, und ihre kleinen Flügel begannen zu flattern, und ein Schleier legte sich über ihre Augen.

Schwächer und schwächer wurde ihr Lied, und sie fühlte, wie ihr etwas die Kehle zuschnürte. Dann sang sie ein letztes Lied. Der weiße Mond hörte es, und er vergaß die Dämmerung und verweilte am Himmel. Die rote Rose hörte es, zitterte voller Ekstase und öffnete ihre Blätter der kühlen Morgenluft. Das Echo trug es in seine Purpurhöhle in den Hügeln und weckte die schlafenden Schäfer aus ihren Träumen. Es schwebte durch das Schilf am Fluss, und jenes trug die Botschaft dem Meere zu.

»Schau, schau«, rief der Rosenstrauch, »nun ist die Rose vollendet«; aber die Nachtigall gab keine Antwort, denn sie lag tot im hohen Gras, mit dem Dorn in ihrem Herzen.

Mittags öffnete der Student sein Fenster und schaute hinaus.
»Welch ein wundersames Glück«, rief er, »hier ist ja eine rote Rose. Ich habe in meinem ganzen Leben keine ähnliche Rose gesehen. Sie ist so schön, dass sie sicher einen langen lateinischen Namen hat.« Und er lehnte sich hinunter und pflückte sie.
Dann setzte er seinen Hut auf und rannte zum Hause des Professors mit der Rose in seiner Hand.
Die Tochter des Professors saß im Torweg und wand blaue Seide auf eine Haspel, und ihr kleiner Hund lag ihr zu Füßen.
»Sie sagten, Sie würden mit mir tanzen, wenn ich Ihnen eine rote Rose brächte«, sagte der Student. »Hier ist die röteste Rose der ganzen Welt. Sie werden sie heute Nacht an ihrem Herzen tragen, und wenn wir miteinander tanzen, wird sie Ihnen sagen, wie sehr ich Sie liebe.«
Aber das Mädchen runzelte die Stirn.
»Ich fürchte, sie wird nicht zu meinem Kleid passen«, antwortete sie. »Und außerdem hat mir der Neffe des Kammerherrn echte Juwelen geschickt, und jedermann weiß, dass Juwelen viel mehr kosten als Blumen.«
»Sie sind wahrhaftig höchst undankbar«, sagte der Student wütend und warf die Rose auf die Straße, wo sie in die Gosse fiel und ein Karrenrad darüberfuhr.
»Undankbar?«, sagte das Mädchen. »Sie sind höchst unhöflich, und überhaupt: Wer sind Sie eigentlich? Doch nur ein Student. Ich glaube, dass Sie nicht einmal silberne Schnallen an Ihren Schuhen haben wie der Neffe des Kammerherrn.« Und sie stand von ihrem Stuhl auf und ging ins Haus.
»Welch dumme Sache doch die Liebe ist«, sage der Student, als er weg ging. »Sie ist nicht halb soviel nütze wie Logik, denn sie beweist nichts, und sie erzählt einem immer Geschichten von Dingen, die nicht eintreffen werden, und lässt einen Dinge glauben, die nicht wahr sind. Tatsächlich

ist sie sehr unpraktisch, und da heutzutage praktisch sein alles ist, kehre ich zur Philosophie zurück und studiere Metaphysik.«
So ging er auf sein Zimmer, zog ein dickes, staubiges Buch hervor und begann zu lesen.

OTTO JULIUS BIERBAUM

Rosen, Goethe, Mozart

Was will ich mehr? Auf meinem Tische stehn
In schönem Glase dunkelrote Rosen,
Der weiße Marmor-Goethe sieht mich an,
Und eben hört ich Mozarts Figaro.

Ich litt einst Schmerz? Ich war einst müd und krank?
Ich log mir Glück und dichtete ein Wunder
Von Weib, das nichts als gute Maske war? –:
Die Rosen glühen: Alles war ein Traum,
Der weiße Goethe leuchtet Heiterkeit,
Und in mir singt Susanne, Cherubin.

Wie aber: Hab ich denn nicht Kummers viel?
Verliebten Zweifel und des Schaffens Angst? –:
Die roten Rosen glühen: Sieh uns an,
Der weiße Goethe lächelt: Denk an mich,
Und Mozart singt mich süß und heiter ein.
Ich frevelte, wollt ich nicht glücklich sein.

Rose,
Oh reiner
Widerspruch,
Lust,
Niemandes
Schlaf
Zu sein
Unter so viel
Lidern.

RAINER MARIA RILKE

HERMANN CLAUDIUS

Der Rosenbusch

Es haben meine wilden Rosen
– Erschauernd vor dem Hauch der Nacht –
Die windeleichten, dichten, losen
Blüten behutsam zugemacht.

Doch sind sie so voll Licht gesogen,
Daß es wie Schleier sie umweht,
Und daß die Nacht in scheuem Bogen
Am Rosenbusch vorübergeht.

THEODOR FONTANE

Der Rosengarten

(aus: Wanderungen durch die Mark Brandenburg)

Das Brunnental ist still und windgeschützt, aber in seinem Rücken liegt eine stillere Stelle – der Friedhof. Es ist ein kleiner, von einer niedrigen Steinmauer eingefaßter, mitten im Wald gelegener Begräbnisort, so recht ein Platz, wo

– jeder eitle Kummer,
Dir wie ein Traum zerfließt,
Und dich der letzte Schlummer
Im Bienenton begrüßt, –

ein Platz, der uns mit dem Gedanken des Scheidens versöhnt und uns im Tiefsten empfinden läßt:

Die Ruh' ist wohl das beste
Von all dem Glück der Welt.

Die Tür, einladend, steht immer offen, die Waldblumen blühen draußen und drinnen, und die Buchen legen von außen her ihre grüne Hand auf die Gräber, als wollten sie den Schlummer derer, die drunten ruhn, noch ruhiger machen.
Es ist dies die Begräbnisstätte nicht für Freienwalde selbst, sondern für die, die als Gäste kamen, um Genesung zu suchen und sie schließlich an dieser Stelle zu finden.
Dieser Friedhof heißt der Rosengarten.

Er heißt so, nicht aus Laune oder Einfall, vielmehr führte der ganze Fleck Landes diesen Namen, lange bevor der erste Gast in diesen Garten einzog. Es hat das folgenden Zusammenhang. Die weiten Waldreviere, die Freienwalde nach Westen hin umgeben und alle Talschluchten mit Laubholz füllen, waren in alten Zeiten schon mit weiß und rot und gelb blühenden Wildrosen dicht überwuchert, und wer um die Johanniszeit durch diese Schluchten hinschritt, dem war es, als flögen bunte Schmetterlinge vor ihm her. Die Stelle aber, wo die Rosensträucher am dichtesten standen und einen kleinen Wald im Walde bildeten, diese Stelle lag im Rücken des Brunnentals und hieß der »Rosengarten«. Die Sträucher verschwanden allmählich, das erste Grab erhob sich, andere folgten, die Steinmauer wurde gezogen, – aber der Name blieb, und von den Gestorbenen heißt es sinnig und ungezwungen: »Sie schlafen im Rosengarten.«

CÄSAR FLAISCHLEN

Mitten in der schönsten Rosenzeit

Mitten in der schönsten Rosenzeit ...
Glühwürmchen leuchteten in den Büschen und durch die Tannen flimmerte der Mond und leicht und fein wie Spinnweb nebelte sein leises Licht im Uferschilf des Sees.

Es war der Weg, den wir so oft gegangen, lachend und singend ...
Früher ...
Diesmal aber ...
Ich weiß nicht mehr, was uns so schweigsam machte ...
Ich weiß nur noch, daß du auf einmal ... an der kleinen Brücke war es ... stehen bliebst und Über den See hinsahst, und dann, als wär dir kühl, den Umhang fester zogst ...
»Wie schön! und doch: ist das nicht alles schon, als ob es ... Herbst ... wäre?!«

Mitten in der schönsten Rosenzeit!?
... Als ob es Herbst wäre!
Und ich? ...
Warum ... warum ... war mir auf einmal auch ... als ob es Herbst wäre ... mitten in der schönsten Rosenzeit?!

MAX DAUTHENDEY

Und es erschienen alle Rosen vor der Tür nach einer Nacht

Und es erschienen alle Rosen vor der Tür nach einer Nacht,
Es hat sie ein Gedanke, ein einziger von dir, zur Welt gebracht,
Du fragtest nicht, hast lässig nur ihn vor dir hingedacht.
Du hattest übermütig Sehnsucht nach der Rose Lust und Götterpracht,
Schwerblütig sind dir alle purpurnen und königlichen Knospen unbewußt erwacht.
Sie füllen Reihen kleiner Bäume vor der Tür und sind rund aufgequollen,
Als ob sie wie beglückte Lippen heimliche Kosenamen nennen wollen,
Anbetend sitzen sie vor deinem Zimmer, so wie ein still verliebter Schwarm.
O, öffne, immer wie für deine Rosen, für meine Inbrunst deinen Arm.

GOTTFRIED KELLER

Rosenglaube

Dich zieret dein Glauben, mein rosiges Kind,
Und glänzt dir so schön im Gesichte!
Es preiset dein Hoffen, so selig und lind,
Den Schöpfer im ewigen Lichte!
So loben die tauigen Blumen im Hag
Die Wahrheit, die ernst sie erworben:
Solange die Rose zu denken vermag,
Ist niemals ein Gärtner gestorben!

Die Rose, die Rose, sie duftet so hold,
Ihr dünkt so unendlich der Morgen!
Sie blüht dem ergrauenden Gärtner zum Sold,
Der schaut sie mit ahnenden Sorgen.
Der gestern des eigenen Lenzes noch pflag,
Sieht heut schon die Blüte verdorben –
Doch seit eine Rose zu denken vermag,
Ist niemals ein Gärtner gestorben!

Drum schimmert so stolz der vergängliche Tau
Der Nacht auf den bebenden Blättern;
Es schwanket und flüstert die Lilienfrau,
Die Vögelein jubeln und schmettern!
Drum feiert der Garten den festlichen Tag
Mit Flöten und feinen Theorben:
Solange die Rose zu denken vermag,
Ist niemals ein Gärtner gestorben!

DETLEV VON LILIENCRON

Sphinx in Rosen

Umschattet von des Gartens Riesenbäumen,
Ruht eine Sphinx aus blendend weißem Steine,
Leicht überhaucht vom warmen Widerscheine
Der tausend Rosen, die sie dicht umzäunen.

Verdrossen, finster und in dumpfem Träumen,
So brütet starr sie über das geheime,
Das ewige Rätsel. Und der Blüten eine,
Sich schalkhaft wiegend, spricht: »Was willst du säumen?

So find und gib uns endlich doch die Lösung!«
Im Winde schaukelten die andern Rosen.
Da, gräßlich, klang das eine Wort: Verwesung.

»Nein, Liebe ists!« erwiderten die losen;
»Laß dirs gesagt sein, greulichste der Katzen.«
Doch schmeichelnd küßten sie des Untiers Tatzen.

JOHANN CHRISTIAN GÜNTHER

Scherzhafte Gedancken über die Rosen

An Rosen such ich mein Vergnügen,
An Rosen, die die Herzen ziehn,
An Rosen, die den Frost besiegen
Und hier das ganze Jahr durch blühn,
An Rosen, die wir bey den Linden,
Sonst nirgends leicht so reizend finden.

Man lobt die bräunlichen Violen,
Sie sind auch ihres Lobes werth;
Doch weil sie nur die Kinder holen,
So bin ich nicht vor sie erklärt
Und wähle mir die holden Strahlen,
Womit die vollen Rosen prahlen.

Erhebt mir nicht die Kaysercronen,
Die sonder Kraft und Balsam sind;
Entfernt euch mit den Anemonen,
Ihr Nahm und Ruhm ist nichts als Wind;
Narcissen sind im besten Lande
Ein Abriß von dem Unbestande.

Die Rose trägt das Blut der Götter
Und ist der Blumen Königin,
Ihr Antliz sticht das schönste Wetter
Und selbst Aurorens Wangen hin,
Sie ist ein Stern der milden Erden
Und kann von nichts verfinstert werden.

Die Ros erquickt die blöden Sinnen
Und hat das beste Zuckerrohr;
Ihr göldner Umfang bricht von innen
So wie die Sonn aus Nacht hervor;
Die Rose nährt die süßen Triebe
Und reizt die Liebe selbst zur Liebe.

Mit Rosen schmück ich Haupt und Haare,
Die Rosen tauch ich in den Wein,
Die Rose soll vor meine Jahre
Die allerbeste Stärckung seyn,
Die Rose zieret meine Flöthen
Und crönt mich mächtigen Poeten.

Auf Rosen mach ich gute Reime,
Auf Rosen schläfet meine Brust,
Auf Rosen hab ich sanfte Träume
Von still- und warm- und weicher Lust,
Und wenn ich einst von hinnen fahre,
So wünsch ich Rosen auf die Baare.

O dörft ich nur bey einer Rose
Wie Bienen Honig naschen gehn!
Ich ließe warlich unserm Bose
Den schön- und theuren Garthen stehn
Und wollt es mir bald angewöhnen,
Mich nie nach fremder Kost zu sehnen.

Mit dieser Rose will ich scherzen,
Und hier erschröckt mich nicht der Dorn;
Denn bey verliebt- und schönen Herzen
Ergözt uns oft ein kleiner Zorn,
Und so viel Anmuth abzubrechen,
Verachtet man ein kurzes Stechen.

JOHANN WILHELM LUDWIG GLEIM

Die Rosenknospe und die Lindenblüte

Eine Rosenknospe rühmte Lindenblüten
Ihre Schönheit! – – Balsamduft
Hauchen wir in dünne Luft!
Sagten all' auf einmal, und gerieten
Fast in Zorn! die Knospe schwieg;
Zanken, denkt sie, will mir nicht geziemen!

Gegen Abend aber stieg
Ihr Geruch empor! – – Sie spricht:
Seine Schönheit darf man rühmen,
Seine Tugend nicht!

KATHERINE MANSFIELD

Rosen

(aus: Das Gartenfest)

Und schließlich war das Wetter ideal. Sie hätten keinen perfekteren Tag für ein Gartenfest haben können, wenn sie ihn in Auftrag gegeben hätten. Windstill, warm, der Himmel ohne eine einzige Wolke. Nur das Blau war wie von hellem Gold verschleiert, wie es manchmal im Frühsommer geschieht. Der Gärtner war seit dem Morgengrauen auf, mähte den Rasen und rechte ihn, bis das Gras und die dunklen, flachen Rosetten, wo die Gänseblümchen gestanden hatten, zu glänzen schienen. Was die Rosen angeht, so konnte man nicht umhin zu vermuten, sie hätten verstanden, daß Rosen die einzigen Blumen sind, die die Gäste bei einem Gartenfest beeindrucken; die einzigen Blumen, die jeder mit Sicherheit erkennt. Hunderte, ja, buchstäblich Hunderte waren in einer einzigen Nacht aufgeblüht; die grünen Büsche verneigten sich, als wären sie von Erzengeln heimgesucht worden.

KARL HENCKELL

Die gelbe Rose

Spätsommertag. Berlin in klarer Bläue.
Ihr Gleise sauste die Elektrische.
Der Schaffner zog. Gleich kam die Haltestelle.
Ein zartes Fräulein, ganz in Weiß, stand auf,
So fein und lieblich wie die gelbe Rose,
Die locker in dem Schloß des Gürtels hing.
Ein Bremsenruck. Die junge Dame schwankte
Ein wenig hin und her, als sie den Wagen
Eilig verließ. Von der Erschütterung
Glitt unbemerkt der duftige Schmuck zu Boden.
Blieb liegen ... Wer denn achtete darauf?
Das Fräulein winkte mit dem Sonnenschirm
Der Freundin, Gruß und leichtes Händeschütteln –
Und weiter sauste die Elektrische.
Der Kondukteur, ein junger Mensch, dem hart
Des Kampfes Furchen schon die Stirn zerschnitten,
Durchschritt sein Reich und hob die Rose rasch
Vom Fußbrett, kehrte zum Perron zurück,
Sog einen Augenblick den süßen Hauch
Und hielt so freudeheimlich in der Hand
Den lichtdurchschimmert seidenweichen Kelch ...
Nur ein Moment. Dann steckt er sie behutsam
Am Rückengitter seines Platzes fest,
Wo seltsam sie die Nüchternheit des Raumes
Verklärte, nahm die Rolle, zog dem neuen
Fahrgast das folgende Billett heraus,
Beugt sich zurück: »Gestatten Sie«, hängt schnell
Die Oberleitung um – und sausend ging's
In andre Gegend, andre Menschenwelten.

LUISE HENSEL

Spät-Rosenknösplein

Was willst du noch, du zartes Kind, hienieden?
Der Lenz ist schon zu schön'rer Flur entrückt.
Dann sind die bunten Schwestern auch geschieden,
Ein früher Herbst hat sie im Keim geknickt.

»Ich stand so einsam an der kalten Mauer,
Von allen Freuden war ich fern gebannt,
Und um mich her war Schatten nur und Trauer;
Denn Dornen viel und Steine trägt das Land.

»Da wußt' ich nicht in meinem öden Thale,
Daß auf der Flur die Maiensonne lacht,
Bis mir in einem süßen, sel'gen Strahle
Ein Rosenleben in der Brust erwacht.

»Nun mußt' ich mich in frommer Lust entfalten,
Es brach so morgenroth aus lichtem Grün;
Ich konnte nicht die Blättlein länger halten,
Sie wollten all' dem Licht entgegen blühn.

»Nun wollt' ich recht in meiner Fülle prangen
Und sah umher, und suchte nun mein Licht;
Da war die milde Sonne weggegangen –
Ein rauher Wind fuhr um mein Angesicht.

»Da hab' ich fest mich wieder eingeschlossen
Und habe still im Herzen fortgeblüht
Und um mich her ist linder Thau geflossen,
Sonst wär' ich wohl erstorben und verglüht.

»Nun will ich mich noch einmal hold erschließen,
Der milden Abendsonne noch mich freu'n,
Will einmal noch den süßen Schimmer grüßen,
Dann still die welken Blättlein nieder streu'n.

»Ade! du mußt noch andern Fluren scheinen;
Mich hat ein früher Nord schon abgeknickt.
Ade! ein Frühling wird uns einst vereinen,
Ein Morgen, der uns ewiglich beglückt.«

ROBERT REINICK

Liebesgarten

Die Liebe ist ein Rosenstrauch.
Wo blüht er, wo blüht er?
Ei nun, in unserm Garten,
Darin wir zwei, mein Lieb und ich,
getreulich seiner warten,
Wofür er uns aus Dankbarkeit
Alltäglich neue Blumen streut.
Und wenn im Himmel Rosen blühn,
Sie können doch nicht schöner blühn.

Bildnachweis

Die Abbildungen entstammen den Beständen der Württembergischen Landesbibliothek, Stuttgart. Der Verlag dankt Herrn Dr. Eberhard Zwink, dem ehemaligen Leiter der Abteilung Alte und Wertvolle Drucke, für seine fachkundige Unterstützung.

Textnachweis